Mit Erfolg zum
Zertifikat Deutsch
(telc Deutsch B1)

Testbuch

Hubert Eichheim
Günther Storch

Ernst Klett Sprachen
Stuttgart

Mit Erfolg zum Zertifikat Deutsch (telc Deutsch B1)
Testbuch

Hubert Eichheim
Günther Storch

Wir danken Frau Manuela Glaboniat, Prüfungszentrale des Österreichischen Sprachdiploms, für ihre kompetente Beratung zum Zertifikat Deutsch.

Weitere Komponente:
Übungsbuch inklusive Audio-CD ISBN 978-3-12-676800-9

Unter dem Code **3x4yf3v** finden Sie auf www.klett-sprachen.de passende Zusatzmaterialien.

Hier Code eingeben

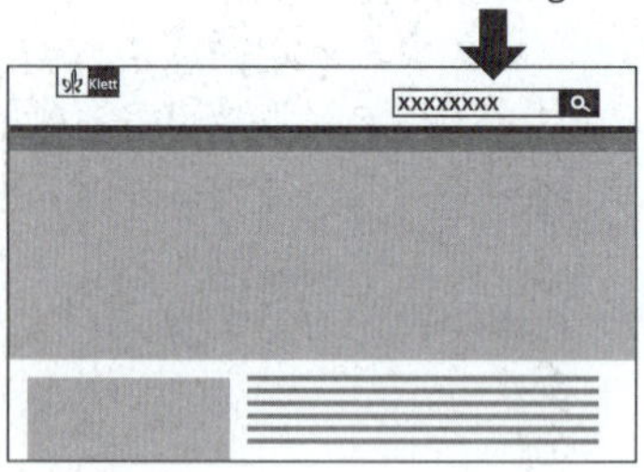

1. Auflage 1 13 12 11 | 2023 22 21 20 19

Nachfolger von 978-3-12-675373-9 und 978-3-12-675358-2 (CD)

Alle Drucke dieser Auflage können nebeneinander benutzt werden, sie sind untereinander unverändert. Die letzte Zahl bezeichnet das Jahr des Druckes.

Internet: www.klett-sprachen.de

Satz: Sibylle Egger, Stuttgart
Umschlaggestaltung: Claudia Stumpfe
Druck: Salzland Druck, Staßfurt
Printed in Germany

ISBN 978-3-12-676801-6

9 783126 768016

Vorwort

Das Testbuch von *Mit Erfolg zum Zertifikat Deutsch (telc Deutsch B1)* dient der Kontrolle der Deutschkenntnisse während der Vorbereitung auf die Prüfung zum Zertifikat Deutsch. Es bietet sechs Tests, wie sie das Zertifikat Deutsch vorschreibt. Die ersten vier dieser Tests sind Kurztests. Das heißt, dass der Umfang der Aufgaben reduziert ist, wobei die einzelnen Testteile ansonsten den Prüfungsbedingungen entsprechen.

Die Prüfungskandidatinnen und -kandidaten sollten möglichst früh sehen, wie ihre Deutschkenntnisse sind. Deshalb empfiehlt es sich, die sechs Tests dieses Buches auf einen längeren Zeitraum zu verteilen, die Kurztests zu Beginn und die Modelltests kurz vor der Prüfung durchzuführen.

Wir wünschen Ihnen viel Erfolg und Spaß bei der Durchführung der Tests in diesem Buch und drücken Ihnen die Daumen für Ihre Zertifikatsprüfung!

Autoren und Verlag

Inhaltsverzeichnis

Das Zertifikat Deutsch (telc Deutsch B1)

Prüfung 1 – Kurztest

Prüfung 2 – Kurztest

Prüfung 3 – Kurztest

Prüfung 4 – Kurztest

Prüfung 5 – Modelltest

Prüfung 6 – Modelltest

Mündliche Prüfung

Lösungen und Transkriptionen

Die Prüfung zum Zertifikat Deutsch (telc Deutsch B1)

Das Zertifikat Deutsch (telc Deutsch B1) ist ein europäisches Sprachenzertifikat auf der Niveaustufe B1. Es wurde gemeinsam entwickelt vom

- Goethe-Institut (GI)
- Deutschen Institut für Erwachsenenbildung (DIE)
- Institut für Deutsche Sprache der Universität Freiburg / Schweiz (IdS)
- Österreichischen Sprachdiplom (ÖSD).

Es löst ab

- das Zertifikat Deutsch als Fremdsprache (ZdaF), das von 1971 bis 1999 vom Deutschen Volkshochschulverband und dem Goethe-Institut vergeben wurde
- die ÖSD-Grundstufe 2, die es seit 1994 gibt.

Woraus besteht das Zertifikat Deutsch? (telc Deutsch B1)

Es beschreibt, was ein Erwachsener können muss, um im persönlichen Alltag, aber auch in der Arbeitswelt problemlos kommunizieren zu können. Daraus ergeben sich Lernziele, die sowohl das Verstehen von gesprochener und geschriebener Sprache als auch das Sprechen und Schreiben umfassen. (Dazu gehören auch Wort- und Themenlisten und ein Katalog von Grammatikphänomenen.) Da diese vier Fertigkeiten nur sehr selten allein benötigt werden, müssen sie für das Lernen möglichst in einem Zusammenhang dargestellt werden. Zwar ist das Lernen von Grammatik und Wortschatz weiterhin notwendig, doch nur im Zusammenhang von Texten und Szenarien.

Von diesen Lernzielen sind die Prüfungsmodelle abgeleitet. Die Prüfungskandidaten sollen dabei weniger zeigen, dass sie Grammatik und Wortschatz gelernt haben, sondern dass sie in verschiedenen Situationen des Lebens sprachlich richtig und verständlich reagieren können, das heißt, dass sie mit anderen Menschen, die die deutsche Sprache sprechen, Beziehungen aufnehmen und sich verständigen können.

So funktioniert die Prüfung zum Zertifikat Deutsch (telc Deutsch B1)

Die Prüfung besteht aus einem schriftlichen Teil, der insgesamt 150 Minuten dauert und die Fertigkeiten Leseverstehen, Sprachbausteine (Grammatik), Hörverstehen, schriftlicher Ausdruck (Brief) umfasst, und aus einem mündlichen Teil, der 15 Minuten dauert.

Die mündliche Prüfung wird – je nach Institution – als Einzelprüfung oder als Paarprüfung durchgeführt. Im ersten Fall unterhält sich der Kandidat mit einem der beiden Prüfer, im zweiten Fall sprechen die beiden Kandidaten miteinander.

Die beiden Kandidaten haben 20 Minuten Zeit, um sich auf das Gespräch vorzubereiten. Wenn es sich um eine Paarprüfung handelt, dürfen sie während dieser Zeit nicht miteinander sprechen.

Leseverstehen – Erklärungen

ca. 60 Min.*
3 Teile
20 Aufgaben
75 Punkte

Alle Texte sind Originaltexte aus Zeitungen, Zeitschriften, Lexika, Broschüren etc. Sie wurden für Personen geschrieben, die in einer deutschsprachigen Umgebung leben. Die Texte können auch Wörter enthalten, die nicht in der Wortliste zum Zertifikat Deutsch vorkommen. Es wird geprüft, ob die Prüfungskandidaten deutsche Texte global, detailliert oder selektiv verstehen können.

Teil 1 – Globalverstehen

5 Texte
10 Überschriften
5 Aufgaben
25 Punkte

Aufgabe ist es, die wichtigsten Aussagen von fünf kurzen Texten zu erkennen. Von zehn Überschriften soll die jeweils richtige den Texten zugeordnet werden.

Teil 2 – Detailverstehen

1–2 Texte
5 Aufgaben
25 Punkte

Die Prüfungskandidaten sollen in ein bis zwei Texten von etwa 300 Wörtern einzelne Aussagen zu inhaltlichen Details verstehen. In fünf Aufgaben sollen sie entscheiden, welche von den jeweils drei Lösungen richtig ist.

Teil 3 – Selektives Verstehen

12 Texte
10 Situationen
25 Punkte

Vorgegeben sind zwölf kurze Texte, meist Anzeigen aus der Zeitung, sowie zehn Alltagssituationen. Aufgabe ist es zu entscheiden, welche der zehn Situationen zu welchem Text passt.

Sprachbausteine – Erklärungen

ca. 30 Min.*
2 Teile
20 Aufgaben
30 Punkte

Die Prüfungskandidaten erhalten zwei Originaltexte (zum Beispiel einen Brief) aus einem der Themenbereiche, die das Zertifikat Deutsch vorgibt. Die Texte können auch Wörter enthalten, die nicht in der Wortliste des Zertifikat Deutsch stehen.

Teil 1 – Korrekte Textergänzung

1 Text
10 Aufgaben
15 Punkte

Aufgabe ist es, zehn Lücken in einem Text richtig zu ergänzen. Dabei muss entschieden werden, welche von jeweils drei Lösungen die richtige ist.

Teil 2 – Korrekte Textergänzung

1 Text,
10 Aufgaben
15 Punkte

Aufgabe ist es, zehn Lücken in einem Text richtig zu ergänzen. Vorgegeben sind fünfzehn mögliche Lösungen.

* Die Prüfungsteile zum Leseverstehen und zu den Sprachbausteinen finden hintereinander ohne Pause statt. Deshalb ist für die beiden Teile keine exakte Zeit festgelegt. Beide Teile dürfen aber nicht länger als 90 Minuten dauern.

Hörverstehen – Erklärungen

30 Min.
3 Teile
20 Aufgaben
75 Punkte

Die Prüfungskandidaten hören insgesamt elf Texte. Alle Texte sind Originaltexte: Radiosendungen, Interviews, Durchsagen etc. Sie stammen aus den verschiedenen deutschsprachigen Ländern. Die Texte können auch Wörter enthalten, die nicht in der Wortliste des Zertifikat Deutsch vorkommen. Es wird geprüft, ob die Prüfungskandidaten deutsche Texte global, detailliert oder selektiv verstehen können.

Teil 1 – Globalverstehen

5 Stellungnahmen
5 Aussagen
25 Punkte

Die Prüfungskandidaten hören jeweils nur einmal fünf kurze Stellungnahmen zu einem bestimmten Thema. Dazu lesen sie fünf Aussagen. Sie sollen entscheiden, ob die Aussagen jeweils der wichtigsten Information der Stellungnahme entsprechen.

Teil 2 – Detailverstehen

1 Hörtext
10 Aussagen
25 Punkte

Die Prüfungskandidaten hören zweimal ein Gespräch oder Interview. Dazu lesen sie 10 Aussagen. Sie müssen entscheiden, ob diese Aussagen auch in dem Hörtext gemacht werden.

Teil 3 – Selektives Verstehen

5 Hörtexte
5 Aussagen
25 Punkte

Die Prüfungskandidaten hören jeweils zweimal fünf kurze Texte. Dazu lesen sie fünf Aussagen und entscheiden, ob diese den Aussagen in den Texten entsprechen oder nicht.

Schriftlicher Ausdruck

30 Min.
1 Brief/Anzeige
4 Leitpunkte
45 Punkte

Die Prüfungskandidaten sollen einen persönlichen oder halbformellen Brief schreiben als Antwort auf einen Brief, ein Fax oder eine Werbeanzeige. Es werden vier Leitpunkte vorgegeben, die in die Antwort eingearbeitet werden müssen.

Dabei kommt es darauf an,

- die vier Leitpunkte in eine sinnvolle Reihenfolge zu bringen
- die Sätze gut miteinander zu verbinden (Einleitung, Schluss etc.)
- sich der Situation (dem Adressaten gegenüber) angemessen auszudrücken
- den Brief formal richtig zu gestalten (Anrede, Grußformel etc.).

Mündlicher Ausdruck

20 +15 Min.
3 Teile
75 Punkte

Die Prüfung kann auf zwei Arten durchgeführt werden:

- als Paarprüfung: Dabei nehmen jeweils zwei Prüfungskandidaten teil; die Prüfenden leiten das Gespräch, nehmen aber mögllichst wenig teil.
- als Einzelprüfung: Dabei übernimmt einer der Prüfer die Rolle des zweiten Prüfungskandidaten.

Die Prüfung dauert 15 Minuten. Vor der Prüfung erhalten die Kandidaten Unterlagen und haben 20 Minuten Zeit, sich auf die einzelnen Teile der Prüfung vorzubereiten. Im Falle einer Paarprüfung dürfen sie während der Vorbereitung nicht miteinander sprechen.

Teil 1 - Kontaktaufnahme

3–4 Min.
ca. 7 Fragen
15 Punkte

Einführungsgespräch: Ziel ist es, sich in einem lockeren Gespräch etwas besser kennen zu lernen. Die Kandidatin oder der Kandidat spricht mit dem Prüfer oder, in der Paarprüfung, mit dem zweiten Prüfungskandidaten über sich selbst, zum Beispiel über die eigene Familie, über die Ausbildung, über die Herkunft. Die Gesprächsthemen werden vorgegeben. Die Prüferin bzw. der Prüfer stellt während des Gesprächs auch eine Frage, die zuvor nicht bekannt ist.

Teil 2 – Gespräch über ein Thema

5–6 Min.
je 1 Grafik mit Text
30 Punkte

Die beiden Prüfungskandidaten sollen sich über ein bestimmtes Thema unterhalten. Jeder Prüfungskandidat bekommt eine Abbildung mit statistischen Angaben und einen kurzen Text dazu. Zu Beginn dieses Prüfungsteils informieren sich die Prüfungskandidaten darüber, was sie gelesen haben. Danach sollen sie ein Gespräch über das Thema führen und auch ihre eigene Meinung dazu sagen. In der Einzelprüfung übernimmt der Prüfer oder die Prüferin die Rolle des zweiten Kandidaten.

Teil 3 – Gemeinsam eine Aufgabe lösen

5–6 Minuten
1 Aufgabe

Die beiden Prüfungskandidaten sollen gemeinsam eine Aufgabe lösen, zum Beispiel etwas Gemeinsames planen. Sie sollen Ideen vortragen, Vorschläge besprechen und sich einigen. In der Einzelprüfung macht die Prüferin bzw. der Prüfer Alternativvorschläge.

Bewertung

So viele Punkte kann man in der Zertifikatsprüfung erreichen:

Schriftliche Prüfung	**Prüfungsdauer**	**Höchstpunktzahl**	**Anteil**
1. Leseverstehen	90 Minuten	75 Punkte	25 %
2. Sprachbausteine		30 Punkte	10 %
3. Hörverstehen	30 Minuten	75 Punkte	25 %
4. schriftlicher Ausdruck	30 Minuten	45 Punkte	15 %
Mündliche Prüfung			
5. mündliche Interaktion	15 Minuten	75 Punkte	25 %
Gesamt	165 Minuten	300 Punkte	100 %

Die Prüfung hat bestanden, wer sowohl in der schriftlichen als auch in der mündlichen Prüfung 60 Prozent der Höchstpunktzahl erreicht hat. Das sind 135 Punkte in der schriftlichen und 45 Punkte in der mündlichen Prüfung.

Die Note wird dann nach dem folgenden Schlüssel berechnet:

300 – 270 Punkte	sehr gut
269.5 – 240 Punkte	gut
239.5 – 210 Punkte	befriedigend
209.5 – 180 Punkte	ausreichend

Das wird bei der mündlichen Prüfung bewertet:

Bei der mündlichen Prüfung wird nach folgenden vier Kriterien bewertet:

1. Ausdrucksfähigkeit:
   - Hat der Prüfungskandidat das Thema gut und situationsangemessen ausgedrückt?
   - Hat er ausgedrückt, was er sagen wollte?
   - Wie groß war sein Wortschatz?
2. Bewältigung der Aufgabe:
   - Wie stark und wie gut hat er sich am Gespräch beteiligt?
   - Konnte er unbekannte Worte gut umschreiben?
   - Hat er flüssig gesprochen?
3. Formale Richtigkeit:
   - Waren die Sätze richtig gebildet?
   - Konjugiert und dekliniert er richtig?
4. Aussprache und Intonation:
   - Waren Aussprache und Intonation so, dass man den Inhalt gut verstehen konnte?

Die Kurztests und Modelltests im Buch

Die Modelltests 5 und 6 entsprechen im Format und in der Bewertung genau der Prüfung zum Zertifikat Deutsch, wie sie auf den Seiten 6 bis 10 beschrieben ist.

Die Kurztests 1 bis 4 umfassen 60 Prozent der Zertifikatsprüfung. Im Unterschied zu den Modelltests 5 und 6 gibt es hier bei den einzelnen Prüfungsteilen weniger Aufgaben als in der Originalprüfung. So muss zum Beispiel beim Leseverstehen – Teil 1 nur für drei Texte statt für fünf eine Überschrift gefunden werden. Es stehen außerdem nur sechs statt zehn Überschriften zur Auswahl usw. Die Textlängen und Textarten entsprechen der Zertifikatsprüfung.

So werden die Kurztests 1 bis 4 bewertet:

Schriftliche Prüfung	**Prüfungsdauer**	**Höchstpunktzahl**	**Anteil**
1. Leseverstehen	ca. 54 Minuten	45 Punkte	25 %
2. Sprachbausteine		18 Punkte	10 %
3. Hörverstehen	18 Minuten	45 Punkte	25 %
4. schriftlicher Ausdruck	18 Minuten	27 Punkte	15 %
Mündliche Prüfung			
5. mündliche Interaktion	ca. 9 Minuten	45 Punkte	25 %
Gesamt	ca. 99 Minuten	180 Punkte	100 %

Ein Kurztest ist bestanden, wenn in der schriftlichen Prüfung 81 Punkte und in der mündlichen Prüfung 27 Punkte erreicht sind.

Dies entspricht dann folgender Note:

180 – 162 Punkte	sehr gut
161,5 – 144 Punkte	gut
143,5 – 126 Punkte	befriedigend
125,5 – 108 Punkte	ausreichend

Schriftliche und mündliche Prüfung

Während der schriftliche Teil der Kurz- und Modelltests von *Mit Erfolg zum Zertifikat Deutsch* auch allein durchgeführt werden kann, ist dies bei der mündlichen Prüfung nicht möglich. Benutzerinnen und Benutzern dieses Buches wird deshalb empfohlen, sich mit einer anderen Person zusammenzutun und die Prüfung zu simulieren. Dies ist auch eine gute Übung für die Paarprüfung.

Hinweis:

Damit Sie sich vorstellen können, wie eine solche Paarprüfung abläuft und welches sprachliche Niveau erwartet wird, können Sie sich auf der CD zum Testbuch ein Prüfungsbeispiel anhören. Durchgeführt wurde Modelltest 5 dieses Buches. Die Bewertung der mündlichen Prüfung finden Sie auf Seite 72.

Leseverstehen 1 – Teil 1

Kurztest – Globalverstehen

ca. 15 Min. → Bitte lesen Sie zuerst die drei Texte (1 – 3).
3 Texte → Lesen Sie dann die sechs Überschriften (A – F).
15 Punkte → Notieren Sie, welche Überschrift zu welchem Text passt. Verwenden Sie dabei jeden Text, jede Überschrift nur einmal. Nur zum Beispieltext (Text 3) passt noch eine zweite Überschrift.

Beispiel: Jugend von heute **Lösung:** Die Überschrift passt zu Text 3.

1

Frater Gölles, der Leiter der „Gruft" – der Betreuungsstelle für Obdachlose – bittet am langen Weihnachtseinkaufssamstag um milde Gaben für seine Schützlinge

Der Frater bittet alle Bürger, die am kommenden Samstag in die Mariahilfer Straße in Wien zum Einkaufen kommen, etwas für die Obdachlosen mitzubringen. Besonders gebraucht werden: Hygieneartikel wie Kämme, Taschentücher, Rasierseife, Einwegrasierer. Neben den immer wieder benötigten Kleidungsstücken für Männer – besonders warme und wasserdichte Schuhe! – sind auch Lebensmittel wie Zucker, Schoko, H-Milch, Aufstrichdosen, Tee und Kaffee willkommen.

2

Weihnachtliches Backwerk besteht mit Vorliebe aus Honigteigen. Das gilt vor allem für alle Arten von Lebkuchen, die aus meist festen und gewürzten Teigen geformt werden.

Die Wochen vor Weihnachten sind in vielen Familien geprägt von dem Duft weihnachtlicher Hausbäckerei. Die Kinder sind mit großer Freude und mit Hingabe dabei, wenn bei ihnen zu Hause gebacken wird. Oft sind es alte Rezepte der Großmütter, die die Hausfrauen hervorholen, um zu versuchen ihnen den Geschmack zu verleihen, der an die alten Zeiten erinnert. Dabei spielen Honigteige seit Jahrhunderten die tragende Rolle. Honig ist reich an Aroma und Vitaminen. Damit dies nicht verloren geht, ist größte Vorsicht angebracht. Vor allem sollten Temperaturen über 60 Grad vermieden werden.

3

Von allen Jugendlichen in der Bundesrepublik Deutschland haben 58 Prozent ein gutes bis sehr gutes Verhältnis zum Vater, 73 Prozent zur Mutter. Nur rund ein Prozent hat ein ausgesprochen schlechtes Verhältnis zur Mutter, zum Vater dagegen knapp über fünf Prozent. Von den 16- bis 18-Jährigen leben noch 80 Prozent mit beiden Eltern zusammen, 10 Prozent mit der Mutter allein. Das dürfte jedoch auch finanzielle Gründe haben, denn mehr als 60 Prozent der Jugendlichen sind noch Schüler, 32 Prozent Lehrlinge und weniger als fünf Prozent haben schon einen Beruf und verdienen Geld.
Während vor 20 Jahren nur 16 Prozent aller Jugendlichen einer Clique angehörten, sind es heute 57 Prozent. Die Zahl der Mädchen entspricht auch der Zahl der Jungen. Für beide Geschlechter ist dabei die gemeinsame Freizeitgestaltung das wichtigste Motiv.

A *Weihnachten zu Hause*

B *Weihnachtsgebäck aus Honig*

C *Weihnachtsgeschenke für Menschen ohne Zuhause*

D *Geschenke für die ganze Familie*

E *Mit 20 noch zu Hause*

F *Weg von zu Hause*

Lösungen:

1. Zu Text **1** passt Überschrift ___ .
2. Zu Text **2** passt Überschrift ___ .
3. Zu Text **3** passt Überschrift ___ .

Leseverstehen 1 – Teil 2

Kurztest – Detailverstehen

ca. 20 Min. → Lesen Sie zuerst den Text.

1 Text → Lösen Sie dann die Aufgaben. Was steht im Text? Kreuzen Sie die richtige

15 Punkte Antwort (A, B, C) an. Die Reihenfolge der Aufgaben ist nicht immer identisch mit der Reihenfolge im Text.

Soziale Probleme machen Sorgen

In den großen Wohnanlagen nehmen die sozialen Spannungen kontinuierlich zu, stellt der Verband bayerischer Wohnungsunternehmen fest. Drei Viertel von 223 befragten Unternehmen sagten aus, dass sich die Spannungen in den von ihnen betreuten Siedlungen verschärft haben. Verbandspräsident Heinz-Werner Götz gibt die Schuld dafür der Arbeitslosigkeit, der sinkenden Förderung des sozialen Wohnungsbaus und der Fehlbelegungsabgabe.

Götz: „Der soziale Kitt bröckelt, es bilden sich keine stabilen Nachbarschaften mehr.“ Hohe Fluktuation ist einer der Gründe dafür; während früher in Bayern sechs Prozent der Mieter innerhalb eines Jahres den Standort wechselten, waren es 1998 acht Prozent und in diesem Jahr tendiert die Auszugshäufigkeit zu zehn Prozent. Da fände eine Rotation statt, so Götz, die echte Nachbarschaften verhindere. Zudem häuften sich die Probleme zwischen Mietern und den Wohnungsunternehmen als Vermietern. Mietrückstände, so Götz, steigen, Räumungsklagen nehmen zahlenmäßig zu; eine Erscheinung am Rande: Die sogenannten Problemmieter sind die „guten Zahler“ (Götz), denn hier übernehmen ja Behörden die Mietkosten. Der Verband bayerischer Wohnungsunternehmen musste feststellen, dass sich der Vandalismus in den Mietshäusern dem problematischen Stand nähert, was auch zur Folge hat, dass bessergestellte Mieter so schnell wie möglich ausziehen. Damit kommt die Abwärtsspirale weiter in Gang.

Die bayerischen Wohnungsunternehmen betreiben daher verstärkt Konfliktmanagement, das von Bewohnerfesten über Mieterzeitungen, Drogenberatung, mehrsprachige Hausordnungen und einfache Sprachkurse bis zu Mietschuldenberatung reicht. Allerdings sei es nicht hinnehmbar, den Wohnungsunternehmern allein die Sicherung des sozialen Friedens zu überlassen.

4 Es gibt keine stabilen Nachbarschaften mehr, weil

A) die Leute ihre Miete nicht pünktlich zahlen.
B) viele Mieter nicht Deutsch können.
C) die Mieter oft umziehen.

5 Die sozialen Spannungen in den großen Mietshäusern

A) nehmen wegen der Arbeitslosigkeit zu.
B) entstehen durch den Verband bayerischer Wohnungsunternehmen.
C) werden von den sogenannten Problemmietern verursacht.

6 Die Wohnungsunternehmen kämpfen gegen die Probleme

A) mit Räumungsklagen.
B) durch Förderung des sozialen Wohnungsbaus.
C) durch Konfliktmanagement.

Leseverstehen 1 – Teil 3

Kurztest – Selektives Verstehen

ca. 7 Min. → Bitte lesen Sie die sechs Situationen (7 – 12) und dann die sieben Texte (A – G).
7 Texte → Notieren Sie, welche Anzeige zu welcher Situation passt.
15 Punkte Verwenden Sie jede Anzeige nur einmal.
→ Wenn es keine passende Anzeige gibt, markieren Sie es so: [–].

Situationen:	Anzeige:
7 Sie möchten einen Text für Ihre Bewerbung schreiben lassen.	☐
8 Kurz nach Weihnachten möchten Sie in die Alpen zum Skilaufen, aber haben noch kein Hotel.	☐
9 Sie suchen eine Ferienarbeit.	☐
10 Sie haben Ihren Kindern versprochen, mit ihnen an einem Nachmittag in einen Zirkus zu gehen.	☐
11 Ihr Fernsehgerät ist kaputt. Sie wollen es in Reparatur geben.	☐
12 Sie haben Streit mit Ihrer Wohnungsgesellschaft und brauchen Hilfe.	☐

A

Karl Freitag
Rechtsanwalt

Bergstraße 42 · (U Südstern)
10980 Berlin
Tel.: 030 / 672224091
Fax: 030 / 672224095

Tätigkeitsschwerpunkte:
Wohnungseigentumsrecht
Mietrecht
allgemeines Schuldrecht

B

DER TOURING CLUB SCHWEIZ (TCS)
Willkommen in der Schweiz
http://www.tcs.ch/WEBTCS/TCShome.nsf/key/DEDE_home
Der Touring Club Schweiz (TCS) ist der grösste Automobilclub der Schweiz. Er vertritt die Interessen seiner Mitglieder in Fragen der Mobilität. Der TCS bietet eine Fülle von Dienstleistungen an.

D

Keine Zeit für's Schreiben?
Lassen Sie schreiben.
GEDICHT; REDE; BEWERBUNG; WERBEBRIEF; AUTOBIOGRAPHISCHES ODER EINE ANDERE PUBLIKATION – von „Ihrem Ghostwriter"! Der kurze Weg zum guten Wort:
089/998238 o.Fax 998239

C

Achensee/Tirol
für Kurzentschlossene
Hurra, hurra wir haben im Jänner 2000 noch
Zimmer frei
*Übernachtung mit Frühstück
€ 35,- pro Person
*Übernachtung mit Halbpension
€ 40,- pro Person
Alpenhotel Edelweiss
A-6212 Maurach am Achensee

E

Circus Krone
Bis 30. Januar das erste Programm.
Wochentags 15 u. 20 Uhr,
sonn- und feiertags 14.30 und 18.30 Uhr.
Vorverkauf jeweils für 10 Tage (einschl. Spieltag):
Hertie (Stachus), Hieber (Dom),
AZ (Sendlinger Str.) u. Marienplatz (UG)
Zirkus-Krone-Str. 1-6
S-Bahn/Straßenbahn Hackerbrücke

G

Renommierter Bewachungsdienst sucht
Hauptportier
für bedeutendes Industrieunternehmen im 23. Bezirk. Sie sollten zwischen 30 und 50 Jahre alt, unbescholten und österr. Staatsbürger sein. Wenn Sie Erfahrung im Portierdienst und gute Umgangsformen mitbringen, rufen Sie:
Fa. Richter ☎ 33157/0 Hr. Koudsi

F

MESOS
Meisterbetrieb in Selbstverwaltung
25 Jahre
aktiver Umweltschutz:
Reparieren statt Wegwerfen!
- Reparatur und Kundendienst für alle Haushaltsgeräte
- gebrauchte Waschmaschinen und Herde mit 6 Monaten Garantie
- Neugeräte und Ersatzteile
- Installationen elektrischer Geräte

Korbstraße 23 93063 Regensburg
Tel. 225788314 Fax 225788316

Sprachbausteine 1 – Teil 1

Kurztest – Korrekte Textergänzung

ca. 6 Min. → **Lesen Sie den folgenden Brief.**
1 Text **Welches Wort (A, B oder C) passt in die Lücken 1 bis 6?**
9 Punkte → **Kreuzen Sie an.**

Liebe Deutschlernerinnen, liebe Deutschlerner,

jetzt habe ich wieder etwas über die Deutschen herausgefunden. Ich dachte immer, Fußball sei ihre Lieblingssportart. Aber das stimmt nicht. Bei Sport denken die meisten Deutschen 1 ___ ihren Traumsport Tennis. Die Tennisplätze sind voll, und oft muss 2 ___ sich Tage vorher für ein Spiel anmelden. Das heißt aber nicht, dass Tennis auch die am 3 ___ ausgeübte Sportart ist. Die Deutschen üben nämlich andere Sportarten häufiger aus: Radfahren, Schwimmen und Jogging stehen an der Spitze der 4 ___ Sportarten hier in Deutschland. Und wenn für viele das Segelfliegen 5 ___ die faszinierendste Sportart ist, so können sich doch nur 6 ___ diesen schönen Luxus leisten.

Bis zu meinem nächsten Brief viele Grüße aus Deutschland

Rita

1
A) an
B) über
C) von

2
A) er
B) jemand
C) man

3
A) mehr
B) meiste
C) meisten

4
A) aktive
B) aktiven
C) aktiver

5
A) auch
B) oder
C) und

6
A) die Wenigen
B) wenige
C) wenigsten

Sprachbausteine 1 – Teil 2

Kurztest – Korrekte Textergänzung

ca. 6 Min. → **Lesen Sie die folgende Bewerbung. Welches Wort (a bis j) passt in welche**
1 Text **Lücke (1 bis 6)? Beachten Sie: Ein Wort dürfen Sie nur einmal verwenden.**
9 Punkte → **Einige Wörter passen in keine Lücke.**
Schreiben Sie dann die Lösungen in die Tabelle.

Junge(r), engagierte(r)
Bürokauffrau/Bürokaufmann
mit guten Fremdsprachen- und Computerkenntnissen gesucht. Haben Sie Lust, bei überdurchschnittlicher Bezahlung in einem jungen Team zu arbeiten?
Dann bewerben Sie sich bei
EXPO GmbH,
Postfach 1216, 79312 Landeck

a) ALLE
b) ALS
c) DEN
d) GENAUERES
e) JEDE
f) KANN
g) MICH
h) MIR
i) SEITDEM
j) WÜRDE
k) ~~GEEHRTE~~

Landeck, den 14.02.2000

Sehr 0 *geehrte* Damen und Herren,

hiermit bewerbe ich 1 ___ um die Stelle als Bürokauffrau, die in der Freitag-Ausgabe der Tirol-Presse ausgeschrieben ist. Ich erfülle 2 ___ Voraussetzungen, die in der Annonce genannt werden. Nach der Mittleren Reife machte ich eine Lehre als Bürokauffrau und 3 ___ arbeite ich in der Verwaltung der Firma LIGO-Textilien; die letzten zwei Jahre arbeitete ich im Bereich Import. Ich verfüge über gute Computerkenntnisse in 4 ___ wichtigen kaufmännischen Programmen; darüber hinaus beherrsche ich Englisch in Wort und Schrift.
Damit Sie sich von meiner Person ein 5 ___ Bild machen können, 6 ___ ich mich sehr über die Einladung zu einem persönlichen Gespräch freuen.

Mit freundlichen Grüßen

Anne Mahler

0	1	2	3	4	5	6
k						

Hörverstehen 1 – Teil 1

Kurztest – Globalverstehen

6–7 Min.	→ **Bitte lesen Sie zuerst die Aufgaben 1 bis 3. Dazu haben Sie 20 Sekunden Zeit.**
3 Texte	→ **Hören Sie dann die drei kurzen Texte e i n m a l.**
15 Punkte	→ **Lösen Sie beim Hören die drei Aufgaben und kreuzen Sie an: Ist die Aussage richtig oder falsch?**

Track	Nr.	Aussage	richtig	falsch
1–2	1	Sprecherin 1 macht gerne weite Reisen im Urlaub.		
3	2	Sprecher 2 verbringt seinen Urlaub immer nur zu Hause.		
4	3	Sprecher 3 verbringt seinen Urlaub gern in einem Luxushotel.		

Hörverstehen 1 – Teil 2

Kurztest – Detailverstehen

6–7 Min.	→ **Bitte lesen Sie zuerst die Aufgaben 4 bis 9. Dazu haben Sie eine halbe Minute Zeit.**
1 Text	→ **Hören Sie dann das Gespräch z w e i m a l.**
15 Punkte	→ **Lösen Sie beim Hören oder danach die sechs Aufgaben und kreuzen Sie an: Ist die Aussage richtig oder falsch?**

Track	Nr.	Aussage	richtig	falsch
5	4	Benno hat schlechte Noten.		
	5	Er möchte nicht noch drei Jahre zur Schule gehen.		
	6	Er möchte sofort nach der Schule eine Ausbildung machen.		
	7	Annie findet, dass es leicht ist, eine Arbeit zu finden.		
	8	Sie rät Benno, das Schuljahr zu wiederholen.		
	9	Im Arbeitsamt bekommt man auch Schulzeugnisse.		

Hörverstehen 1 – Teil 3

Kurztest – Selektives Verstehen

6–7 Min.	→ **Bitte lesen Sie zuerst die Aufgaben 10 bis 12.**
3 Texte	→ **Hören Sie dann drei kurze Texte z w e i m a l.**
15 Punkte	→ **Lösen Sie beim Hören oder danach die drei Aufgaben und kreuzen Sie an: Ist die Aussage richtig oder falsch?**

Track	Nr.	Aussage	richtig	falsch
6	10	Der Zug nach Augsburg fährt auf Gleis drei ab.		
7	11	Die ägyptische Ausstellung ist in der Residenz.		
8	12	Lukas zahlt seiner Reisepartnerin den Flug nach San Francisco.		

Schriftlicher Ausdruck 1

Kurztest – einen persönlichen Brief schreiben

18 Min.
1 Brief
27 Punkte

→ **Sie haben in Deutschland einen Sprachkurs besucht und während dieser Zeit bei einer Gastfamilie, Familie Berger, gewohnt. Jetzt sind Sie wieder in Ihrem Heimatland und erhalten von Bergers den folgenden Brief:**

Liebe/r ...,

nun sind Sie schon wieder sechs Wochen in Ihrer Heimat zurück und wir hoffen, dass es Ihnen gut geht. Wir denken gern an die Zeit zurück, in der Sie bei uns gewohnt haben. Sie haben durch das Leben mit uns nicht nur einiges über Deutschland, sondern wir haben durch Ihre Erzählungen auch viel Interessantes über Ihre Heimat erfahren. Uns geht es gut, jetzt ist der Alltag wieder eingekehrt. Wir freuen uns darauf, von Ihnen zu hören.

Viele Grüße
Ihre Familie Berger

→ **Antworten Sie den Bergers und gehen Sie dabei auf die folgenden Punkte ein:**

- **ob und warum Sie (nicht) weiter Deutsch lernen**
- **warum Sie erst jetzt schreiben**
- **was Sie zur Zeit machen.**

→ **Gehen Sie auf alle drei Punkte ein und bedanken Sie sich kurz noch einmal für die Gastfreundschaft. Bringen Sie die drei Punkte in eine sinnvolle Reihenfolge. Denken Sie an die Merkmale eines Briefes wie Datum, Anrede usw., auch an die Einleitung und den Schluss.**

Mündliche Prüfung 1 – Teil 1

Kurztest – Kontaktaufnahme

ca. 2 Min.
4 Fragen
9 Punkte

→ Bitte führen Sie mit ihrem Partner / Ihrer Partnerin ein kurzes Gespräch über folgende Themen:
- wie er/sie heißt
- wo er/sie wohnt
- was er/sie beruflich macht
- warum er/sie Deutsch lernt.

Mündliche Prüfung 1 – Teil 2

Kurztest – Gespräch über ein Thema

für Partner A:

3–4 Min.
je 1 Text
18 Punkte

→ Sie und Ihr Partner / Ihre Partnerin haben unterschiedliche Informationen zum Thema „Freizeitverhalten von Jugendlichen in Deutschland". Sehen Sie sich bitte Ihre Abbildung an.

→ Zuerst sollen Sie und Ihr Partner / Ihre Partnerin sich gegenseitig berichten, was Sie sich angeschaut haben.

→ Führen Sie danach mit Ihrem Partner / Ihrer Partnerin ein kurzes Gespräch über Ihre eigenen Freizeitaktivitäten. Warum sind sie für Sie wichtig?

→ Auch Ihr Partner / Ihre Partnerin wird Ihnen etwas über dieses Thema berichten. Stellen Sie Fragen dazu und reagieren Sie darauf.

Freizeitverhalten von Jugendlichen in Deutschland

	Mädchen
Mit Freunden/Bekannten telefonieren	77 %
Fernsehen	83 %
Musik hören	93 %

Jugendliche hören viel Musik und sehen viel fern. Dass diese Vorstellung stimmt, zeigen Statistiken über das Freizeitverhalten von Mädchen in Deutschland. Ein Punkt allerdings überrascht bei den Ergebnissen der Umfrage: Sehr viele Mädchen geben an, dass sie in ihrer Freizeit gern mit Freunden oder Bekannten telefonieren. Das zeigt, dass Kommunikation für Mädchen eine wichtige Rolle spielt.

für Partner B:

3–4 Min.
je 1 Text
18 Punkte

- → **Sie und Ihr Partner/Ihre Partnerin haben unterschiedliche Informationen zum Thema „Freizeitverhalten von Jugendlichen in Deutschland". Sehen Sie sich bitte Ihre Abbildung an.**
- → **Zuerst sollen Sie und Ihr Partner/Ihre Partnerin sich gegenseitig berichten, was Sie sich angeschaut haben.**
- → **Führen Sie danach mit Ihrem Partner/Ihrer Partnerin ein kurzes Gespräch über Ihre eigenen Freizeitaktivitäten. Warum sind sie für Sie wichtig?**
- → **Auch Ihr Partner/Ihre Partnerin wird Ihnen etwas über dieses Thema berichten. Stellen Sie Fragen dazu und reagieren Sie darauf.**

Freizeitverhalten von Jugendlichen in Deutschland

Jugendliche sitzen häufig vor dem Fernsehgerät. Diese Vorstellung bestätigen Statistiken über das Freizeitverhalten von Jungen in Deutschland. Bekannt ist auch, dass Jungen sich gern mit Video- und Computerspielen beschäftigen. Überraschend ist allerdings Folgendes: Sehr viele treiben in ihrer Freizeit Sport. Körperliche Bewegung scheint für die Jungen trotz Auto und Moped immer noch wichtig zu sein.

Mündliche Prüfung 1 – Teil 3

Kurztest – Gemeinsam eine Aufgabe lösen

3–4 Min.
1 Thema
18 Punkte

- → **Ihr Gesprächspartner/Ihre Gesprächspartnerin und Sie wollen am Samstag Abend gemeinsam etwas unternehmen. Planen Sie den Abend.**
- → **Machen Sie sich Notizen.**
  - Was wollen Sie machen?
  - Wann / Wo wollen Sie sich treffen?
  - Wie können Sie dahin kommen?
  - Wer soll eventuell noch mitkommen?

Leseverstehen 2 – Teil 1

Kurztest – Globalverstehen

ca. 15 Min. → Bitte lesen Sie zuerst die drei Texte (1 – 3).
3 Texte → Lesen Sie dann die sechs Überschriften (A – F).
15 Punkte → Notieren Sie, welche Überschrift zu welchem Text passt. Verwenden Sie dabei jeden Text, jede Überschrift nur einmal. Nur zum Beispieltext (Text 1) passt noch eine zweite Überschrift.

Beispiel: Fritz Langs letzter Film **Lösung:** Die Überschrift passt zu Text 1.

1

von Fritz Lang, Deutschland / Frankreich / Italien 1960: In seinem letzten Kinofilm beschäftigt sich der alte Fritz nach knapp dreißig Jahren noch einmal mit der Figur des dämonischen Superverbrechers und mit einem seiner zentralen Themen – dem Menschen als willenloses Werkzeug in der Hand beherrschender Mächte. Lang greift darüber hinaus auch die Tyrannenthese auf, die 1933 seinen Mabuse mit Hitler gleichsetzte: Der moderne Mabuse herrscht über die Bande aus lauter Ex-Nazis. **(Kabel 1, Silvester, 23.40 Uhr)**

2

33 Wanderdörfer und Regionen in ganz Österreich haben ihre faszinierendsten Gipfelerlebnisse für Sie zusammengestellt, geben zusätzlich wichtige Wandertipps und bieten außergewöhnliche Serviceleistungen. Speziell auf die Wünsche der Familienwanderer, der Bergwanderer und der Gipfelstürmer abgestimmt, finden Sie im Katalog „Österreichs Wanderdörfer" eine Fülle an Erlebnissen und Abenteuern, kommen dem Geheimnis der Natur auf die Spur, erleben gemeinsame Höhepunkte am Gipfel oder stürzen sich ins große Abenteuer Eis, Fels und schwindelnde Höhen.
Finden Sie Ihr Faszinationsangebot – wir schicken Ihnen den Katalog kostenlos zu.
Information & Buchung: Österreichs Wanderdörfer, A-9500 Villach, E-Mail: wanderdoerfer@tao.at

3

Eine solide Ausbildung – Lehre, Fachschule oder Universität – ist nicht nur der beste Schutz vor Arbeitslosigkeit. Wer eine Ausbildung abgeschlossen hat, hat außerdem auch die besseren Aufstiegs- und Verdienstchancen. Das zeigt eine Untersuchung des Statistischen Bundesamtes. Danach verdienen Angestellte mit Universitätsabschluss im Durchschnitt doppelt so viel wie ungelernte Arbeiter und gut die Hälfte mehr als Angestellte ohne berufliche Ausbildung. Lernen zahlt sich also in Mark und Pfennig aus. Diese Bilanz stimmt auch dann noch, wenn man berücksichtigt, dass Hochschul- und Fachhochschulabsolventen wegen der längeren Ausbildung erst später als andere mit dem Verdienen anfangen.

A ***Verdienst- und Aufstiegschancen für alle***

B ***Die 1000 Augen des Dr. Mabuse***

C ***Lernen lohnt sich: Der Verdienst von Ausgebildeten***

D ***Letzter Liebesfilm von Fritz Lang***

E ***Österreichs Berge mit dem Auto***

F ***Faszination Wandern***

Lösungen:

1. Zu Text **1** passt Überschrift ☐.
2. Zu Text **2** passt Überschrift ☐.
3. Zu Text **3** passt Überschrift ☐.

Leseverstehen 2 – Teil 2

Kurztest – Detailverstehen

ca. 20 Min. → **Lesen Sie zuerst den Text.**
1 Text → **Lösen Sie dann die Aufgaben. Was steht im Text? Kreuzen Sie die richtige**
15 Punkte **Antwort (A, B, C) an. Die Reihenfolge der Aufgaben ist nicht immer identisch mit der Reihenfolge im Text.**

Berufspläne

Was macht ein junger Mensch, wenn er sich für einen Beruf entschieden hat? Auch nach einer getroffenen Entscheidung werden eine Menge Fragen auftauchen. Jetzt heißt es, den Berufswunsch zu realisieren, die Zukunft zu planen. Gerade für die Berufsplanung ist der Gedanke an die Zukunft sehr wichtig.

Es folgt nun die Suche nach einem Ausbildungsplatz oder die Bewerbung für einen Studienplatz. Dies mag als der schwerste Schritt erscheinen, da es in der Regel sehr mühselig ist, einen Ausbildungsplatz zu bekommen. Doch wenn man sich entsprechend informiert hat und dann genau weiß, was man will, hat man die wichtigste Voraussetzung, um die Ausbildungsplatzsuche konsequent zu planen.

Wichtig ist bei der Suche nach einem Ausbildungsplatz, dass man so früh wie möglich damit anfängt, eineinhalb bis zwei Jahre vor Schulabschluss. Dabei sind die Augen immer nach Angeboten offenzuhalten.

Hier einige Ratschläge für die Arbeitsplatzsuche:

- Studiere regelmäßig die Stellenangebote in den Zeitungen. Denn ein wichtiger Aspekt bei der Stellensuche muss deine Mobilität sein. Nicht für jeden Beruf wird in jeder Stadt ausgebildet. Es kann auch sein, dass an deinem Wohnort kein Ausbildungsplatz für deinen Wunschberuf frei ist, aber 50 km weiter in der nächsten Stadt.
- Du kannst dich auch „blind" bei Unternehmen bewerben. Entweder du rufst vorher dort an (Telefonnummern findest du im Branchenverzeichnis) und checkst, ob ein Ausbildungsplatz frei ist, oder du schickst deine Bewerbung direkt dorthin.
- Außerdem kannst du zum Arbeitsamt gehen, um dir einen Überblick über das Stellenangebot in deiner Nähe zu verschaffen. Dort gibt es eine Kartei für Ausbildungsplatzsuchende. Weiß das Arbeitsamt eine passende Stelle für dich, bekommst du Bescheid und kannst dich bewerben.
- Auch solltest du dich bei Eltern, Freunden und Bekannten umhören, ob jemand etwas über freie Ausbildungsplätze weiß.

Wenn du einen Betrieb gefunden hast, der dich interessiert, geht es an die Bewerbung. Diese besteht aus einem Bewerbungsschreiben, einem Lebenslauf, einem Passfoto und den Kopien von Zeugnissen. Meist führt nicht gleich die erste Bewerbung zu einem Ausbildungsplatz, deshalb ist es zweckmäßig, mehrere Bewerbungen gleichzeitig wegzuschicken. Wirst du zu einem Vorstellungsgespräch eingeladen, dann ist dies deine Chance. Bereite dich gründlich darauf vor. Auf einen Einstellungstest, den du eventuell machen musst, kannst du dich durch besondere Tests zu deinen sprachlichen oder rechnerischen Schwächen vorbereiten.

4 Wer sich für einen Beruf entschieden hat,

A) braucht nicht mehr für die Zukunft zu planen.
B) sollte einen Ausbildungsplatz suchen.
C) braucht keinen Studienplatz.

5 Bei der Suche nach einem Ausbildungsplatz ist es wichtig,

A) regelmäßig die Anzeigen in den Zeitungen zu studieren.
B) geduldig zu warten, bis das Arbeitsamt etwas findet.
C) sich auf die Stadt zu konzentrieren, in der man wohnt.

6 Wer einen Betrieb gefunden hat, der ihn interessiert,

A) sollte sofort mit dem Direktor oder Besitzer der Firma sprechen.
B) sollte sich gründlich auf ein Vorstellungsgespräch vorbereiten.
C) braucht keinen Einstellungstest mehr zu machen.

Leseverstehen 2 – Teil 3

Kurztest – Selektives Verstehen

ca. 10 Min. → Bitte lesen Sie die sechs Situationen (7 – 12) und dann die sieben Texte (A – G).
7 Texte → Notieren Sie, welche Anzeige zu welcher Situation passt.
15 Punkte Verwenden Sie jede Anzeige nur einmal.
→ Wenn es keine passende Anzeige gibt, markieren Sie es so: [–].

	Situationen:	Anzeige:
7	Sie brauchen Informationen über eine Gartenzeitschrift im Internet.	
8	Sie hören gerne Musik im Radio. Auf welcher Welle ist der Sender?	
9	Sie suchen einen Job als Verkäuferin.	
10	Sie möchten sich ein Horoskop für die nächste Zukunft machen lassen.	
11	Sie sind zu dick und möchten abnehmen.	
12	Sie suchen eine Pflegerin für Ihre Großmutter.	

A

CAMPINGGRUPPE TCS THURGAU

http://www.tcs-thurgau.ch/angebot.htm

Motorisiert: Fr. 74.-; einmalige Eintrittsgebühr Fr. 20.-; für zusätzliche Fahrzeuge: Fr. 44.- Patrouille TCS-Karte
Nicht-Motorisiert: Fr. 27.-; einmalige Eintrittsgebühr Fr. 10.-
Radfahrer: mit Velo-Assistance und Haftpflicht Fr. 37.-

B

NICHT VORSTELLEN
EINSTELLEN

88.6

Der Musiksender.

C

Kellnerin

(jung – attraktiv – erfahren)
für neues italienisches Kaffeehaus in Wien 5 gesucht.
☎ 01/198 34 32, 3102164, Herr Kassa

D

Nette Dame betreut liebevoll alte Menschen in Graz und Umgebung. Kümmert sich auch um Tiere, Haus und Garten, während Sie auf Kur sind.
Tel. 038236 3227

E

150 FASTEN-WANDERUNGEN

mit medizinischer Betreuung in Südeuropa, ein- oder zweiwöchig! Gewichtsverlust garantiert

T/F 03268 8830061

F

kraut-&-rüben

jetzt im Internet unter:
http://www.blv.de/k&r

G

ASTROLOGISCHER VOLLTREFFER

Geben Sie Ihr Geburtsdatum ein und Mauretania berechnet auf dieser Basis Ihr ganz persönliches Tageshoroskop.

Täglich neu!
Rufen Sie uns an!
017/442300

Computer-Telefon-Service:
Mit der Nummer hinter jedem Sternzeichen erreichen Sie täglich aktuell Ihr BILD-Astrofon (6 Sekunden = 0,12 €).

Sprachbausteine 2 – Teil 1

Kurztest – Korrekte Textergänzung

ca. 6 Min.
1 Text
9 Punkte

→ **Lesen Sie den folgenden Brief.**
Welches Wort (A, B oder C) passt in die Lücken 1 bis 6?
→ **Kreuzen Sie an.**

Liebe Deutschlernerinnen, liebe Deutschlerner,
heute bin ich zum ersten Mal bei Schnee Auto gefahren. Das ist sehr gefährlich, weil die Straßen im Winter oft glatt sind und die Autofahrer **1** ___ nicht vorbereitet sind. Besonders gefährlich ist es morgens, **2** ___ sehr viele Berufstätige mit dem Auto zur Arbeit unterwegs sind. Ich habe mich entschieden an **3** ___ Tagen, an denen es Neuschnee gibt, den Bus zu nehmen. Manchmal muss ich aber doch mit dem Auto fahren. Dann höre ich **4** ___ Vorabend den Wetterbericht, um zu wissen, wie das Wetter wird. Morgens fahre ich früh los, weil es oft Staus gibt und man Verspätungen hat. **5** ___ ist wichtig, langsam zu fahren, genügend Abstand zu halten und rechtzeitig zu bremsen. Dann kann man noch sicher anhalten, auch wenn die Straße **6** ___ ist. Ihr seht: Ich lerne viel Neues.

Viele Grüße *Rita*

1
A) damit
B) darauf
C) es

2
A) als
B) dass
C) wenn

3
A) den
B) der
C) die

4
A) am
B) beim
C) im

5
A) Er
B) Es
C) Man

6
A) eine glatte
B) glatt
C) glatte

Sprachbausteine 2 – Teil 2

Kurztest – Korrekte Textergänzung

ca. 6 Min.
1 Text
9 Punkte

→ **Lesen Sie die folgende E-Mail. Welches Wort (a bis j) passt in welche Lücke (1 bis 6)? Beachten Sie: Ein Wort dürfen Sie nur einmal verwenden. Einige Wörter passen in keine Lücke.**
→ **Schreiben Sie dann die Lösungen in die Tabelle.**

Adresse: ebkuhn@es-online.dx

Liebe Evi,
lernst du immer noch fleißig? Lass sofort von dir hören, wenn die Prüfungen vorbei sind. Viel Erfolg – ich drücke dir die Daumen!

Deine Karin

0 *Lieber* Jörg,

du darfst **1** ___ gratulieren: Mein Studium ist vorbei, die letzte Prüfung war am Montag. Die **2** ___ Lernerei hat sich gelohnt, ich bin mit dem Ergebnis sehr zufrieden. Jetzt möchte ich bald eine Examensfete machen, und da möchte ich dich fragen, **3** ___ du am Freitag, den 17. Mai, zu meiner Fete kommen kannst. Ich frage dich **4** ___ ersten, denn ich möchte auf jeden Fall, dass du dabei bist. Wenn es nicht klappt, **5** ___ ich den Termin verlegen. Schick mir also bald eine Nachricht. **6** ___ kannst du wie immer hier schlafen und essen. Auch meine Eltern freuen sich dich wiederzusehen.

Viele Grüße
deine *Evi*

a) ALS
b) DARFST
c) DIE
d) KANNST
e) MIR
f) NATÜRLICH
g) OB
h) VIELE
i) WERDE
j) WIE
k) ~~LIEBER~~

0	1	2	3	4	5	6
k						

Hörverstehen 2 – Teil 1

Kurztest – Globalverstehen

6–7 Min. → **Bitte lesen Sie zuerst die Aufgaben 1 bis 3. Dazu haben Sie 20 Sekunden Zeit.**
3 Texte → **Hören Sie dann die drei kurzen Texte e i n m a l.**
15 Punkte → **Lösen Sie beim Hören die drei Aufgaben und kreuzen Sie an: Ist die Aussage richtig oder falsch?**

Track	Nr.	Aussage	richtig	falsch
9–10	1	Im Betrieb von Sprecher 1 gibt es eine flexible Arbeitszeit.		
11	2	Im Betrieb von Sprecherin 2 kann jeder kommen und gehen, wie er will.		
12	3	Sprecherin 3 ist konservativ und lehnt flexible Arbeitszeiten ab.		

Hörverstehen 2 – Teil 2

Kurztest – Detailverstehen

6–7 Min. → **Bitte lesen Sie zuerst die Aufgaben 4 bis 9.**
1 Text **Dazu haben Sie eine halbe Minute Zeit.**
15 Punkte → **Hören Sie dann das Gespräch z w e i m a l.**
→ **Lösen Sie beim Hören oder danach die sechs Aufgaben und kreuzen Sie an: Ist die Aussage richtig oder falsch?**

Track	Nr.	Aussage	richtig	falsch
13	4	Angelika hat keine Zeit für ihren Vater, weil sie am nächsten Tag eine Prüfung hat.		
	5	Das Resultat der Maturaprüfung wird erst im Juli bekannt.		
	6	Angelikas Vater meint, Fremdsprachen kann man am besten auf der Universität lernen.		
	7	Angelikas Vater will ihr einen Aufenthalt im Ausland bezahlen.		
	8	Angelikas Vater will nicht, dass sie als Au-pair-Mädchen arbeitet.		
	9	Angelika hat Angst, dass ihr Freund sich von ihr trennen wird, wenn sie so lange im Ausland bleibt.		

Hörverstehen 2 – Teil 3

Kurztest – Selektives Verstehen

6–7 Min. → **Bitte lesen Sie zuerst die Aufgaben 10 bis 12.**
3 Texte → **Hören Sie dann drei kurze Texte z w e i m a l.**
15 Punkte → **Lösen Sie beim Hören oder danach die drei Aufgaben und kreuzen Sie an: Ist die Aussage richtig oder falsch?**

Track	Nr.	Aussage	richtig	falsch
14	10	Die gesuchte Teilnehmerin heißt Rilken.		
15	11	Die Universität Freiburg hilft Studenten, billige Zimmer zu finden.		
16	12	Die Gewinnzahl im Spiel 77 heißt 60 75 86 7.		

Schriftlicher Ausdruck 2

Kurztest – einen persönlichen Brief schreiben

18 Min.
1 Brief
27 Punkte

→ Sie wollten eine Geschäftsreise nach Österreich machen, hatten aber einen Unfall (Auto, Sport, ...) und mussten für zwei Wochen ins Krankenhaus. Deshalb konnten Sie nicht nach Österreich fahren. Ihre Firma hat dem österreichischen Geschäftspartner in einer kurzen E-Mail mitgeteilt, dass Sie Ihre Reise verschieben müssen. Jetzt erhalten Sie aus Österreich die folgenden Genesungswünsche:

Liebe Frau ...,/Lieber Herr ...,
ich hoffe, dass es Ihnen inzwischen besser geht. Was ist denn eigentlich passiert? Wir haben nur erfahren, dass Sie einen Unfall hatten. Was meinen Sie: Wann können Sie Ihre Geschäftsreise antreten? Zunächst wünschen wir Ihnen aber eine schnelle Genesung.

Alles Gute und mit den besten Grüßen
Ihr
Gerd Seidler

→ Sie haben das Krankenhaus inzwischen wieder verlassen und schreiben an Ihren österreichischen Geschäftspartner einen Brief. Gehen Sie darin auf folgende Punkte ein:

- wie es Ihnen inzwischen geht
- was aus der geplanten Reise nach Österreich wird
- wie Ihr Unfall passiert ist.

→ Gehen Sie auf alle drei Punkte ein und bedanken Sie sich auch kurz für die Genesungswünsche. Bringen Sie die drei Punkte in eine sinnvolle Reihenfolge. Denken Sie an die Merkmale eines Briefes wie Datum Anrede usw., auch an die Einleitung und den Schluss.

Mündliche Prüfung 2 – Teil 1

Kurztest – Kontaktaufnahme

ca. 2 Min.
4 Fragen
9 Punkte

→ Bitte führen Sie mit Ihrem Partner/Ihrer Partnerin ein kurzes Gespräch über folgende Themen:

- wie er/sie heißt
- woher er/sie kommt
- welche Hobbys er/sie hat
- welche Kontakte er/sie zu Deutschen hat.

Mündliche Prüfung 2 – Teil 2

Kurztest – Gespräch über ein Thema

für Partner A:

3–4 Min.
je 1 Text
18 Punkte

→ Sie und Ihr Partner/Ihre Partnerin haben unterschiedliche Informationen zum Thema „Berufswünsche von Jungen und Mädchen in Deutschland". Sehen Sie sich bitte Ihre Abbildung an.

→ Zuerst sollen Sie und Ihr Partner/Ihre Partnerin berichten, was Sie sich angeschaut haben.

→ Führen Sie anschließend mit Ihrem Partner/Ihrer Partnerin ein kurzes Gespräch über das Thema „Berufswünsche". Erzählen Sie von Ihren (früheren) Berufswünschen und warum Sie sie haben (oder hatten).

→ Auch Ihr Partner/Ihre Partnerin wird Ihnen von seinen/ihren Berufswünschen berichten. Stellen Sie Fragen dazu und reagieren Sie darauf.

Berufswünsche von Jungen in Deutschland

Computer/Elektronik/Technik	48 %
Menschen/soziale Fragen	36 %
Autos/Fahrzeuge/Verkehrsmittel	23 %

Fragt man junge Menschen nach ihren Berufswünschen, so bekommt man oft ähnliche Antworten. Jungen bevorzugen einen Beruf, bei dem sie mit Computern, Technik oder Autos zu tun haben. Aber auch Berufe, die mit Menschen zu tun haben wie Lehrer oder Therapeut, werden oft genannt.

für Partner B:

3–4 Min.
je 1 Text
18 Punkte

- → Sie und Ihr Partner / Ihre Partnerin haben unterschiedliche Informationen zum Thema „Berufswünsche von Jungen und Mädchen in Deutschland". Sehen Sie sich bitte die Abbildung an.
- → Zuerst sollen Sie und Ihr Partner / Ihre Partnerin sich gegenseitig berichten, was Sie sich angeschaut haben.
- → Führen Sie anschließend mit Ihrem Partner / Ihrer Partnerin ein kurzes Gespräch über das Thema „Berufswünsche". Erzählen Sie von Ihren (früheren) Berufswünschen und warum Sie sie haben (oder hatten).
- → Auch Ihr Partner / Ihre Partnerin wird Ihnen von seinen / ihren Berufswünschen berichten. Stellen Sie Fragen dazu und reagieren Sie darauf.

Berufswünsche von Mädchen in Deutschland

Menschen/soziale Fragen	76 %
Fremdsprachen/Reisen	26 %
Medien/Werbung/Unterhaltung	23 %

Fragt man junge Menschen nach ihren Berufswünschen, so bekommt man oft ähnliche Antworten. Mädchen bevorzugen sehr stark Berufe, die mit Menschen zu tun haben wie Ärztin oder Kindergärtnerin. Weniger werden Berufe genannt, die mit Technik oder Computern zusammenhängen.

Mündliche Prüfung 2 – Teil 3

Kurztest – Gemeinsam eine Aufgabe lösen

3–4 Min.
1 Thema
18 Punkte

- → Sie haben vor, sich mit ein paar Freundinnen und Freunden regelmäßig zu treffen und etwas gemeinsam zu unternehmen. Auch Ihr Gesprächspartner / Ihre Gesprächspartnerin gehört zu dieser Gruppe. Sprechen Sie gemeinsam darüber.
- → Machen Sie sich Notizen.
  - Was könnte man unternehmen?
  - Wann hat er/sie Zeit?
  - Wie oft soll man sich treffen?
  - Wo kann man sich treffen?

Leseverstehen 3 – Teil 1

Kurztest – Globalverstehen

ca. 15 Min. → Bitte lesen Sie zuerst die drei Texte (1 – 3).
3 Texte → Lesen Sie dann die sechs Überschriften (A – F).
15 Punkte → Notieren Sie, welche Überschrift zu welchem Text passt. Verwenden Sie dabei jeden Text, jede Überschrift nur einmal. Nur zum Beispieltext (Text 1) passt noch eine zweite Überschrift.

Beispiel: Großer Wortschatz – kleiner Wortschatz **Lösung:** Die Überschrift passt zu Text 1.

1

Wir reden sehr viel den ganzen lieben Tag lang – und gebrauchen doch nur drei bis vier Prozent des deutschen Wortschatzes.
In Zahlen: Der Reichtum unserer Sprache wird auf 300.000 bis 400.000 Wörter geschätzt. Aber Helmut Walther, Berater bei der Gesellschaft für Deutsche Sprache: „Der Durchschnitts-Sprecher hat nur etwa 12.000 bis 16.000 Wörter auf Lager, darunter 3.000 bis 4.000 Fremdwörter."
Sind wir denn dumm, weil wir so wenig Worte verwenden? Walther: „Keineswegs, wir brauchen im Alltag nicht mehr." Die Situation bei geschriebener Sprache (Texte): „Zu 95 Prozent bestehen sie aus den 4.000 häufigsten Wörtern." Sein Expertentipp: Wer seinen Wortschatz erweitern will, sollte aufmerksam zuhören, diskutieren, Romane und Zeitungen lesen.
PS: Der große Konrad Adenauer kam bei seinen Reden angeblich mit 200 Wörtern aus.

2

Einst war sie das Aushängeschild der Frauenband „Les Reines Prochaines"; die Verbreitung der Videokunst in der Schweiz ist eng mit ihrem Namen verknüpft; ihre Werke sind in diesem Herbst im New Yorker Guggenheim-Museum und im Museum of Modern Art in San Francisco zu sehen – mitten auf ihrem Weg in den Olymp der internationalen Kunstszene ist Pipilotti Rist mit der künstlerischen Leitung der Expo 2001 betraut worden.
Die überraschende Wahl der St. Gallerin wurde am 1. August bekannt gegeben. Das Grundkonzept der Expo und das bestehende Team hätten sie überzeugt, meinte Pipilotti Rist zu ihrem Entscheid, die Wahl anzunehmen. Und weiter: „Die Vorstellung, dass wir psychologische, philosophische und politische Themen poetisch, sinnlich, wild, spielerisch und großzügig umsetzen werden, beflügelt mich."

3

Das Spendenkonto der **Mitglieder des Österr. Münzautomatenverbandes** ist gefüllt, profitieren davon wird Herr Gottfried R., der Held von einst, der nach dem Tod seiner Frau finanzielle Probleme hat. Frau Mazzucato überwies im Namen des Verbandes 10.000 S! Und privat erkundigten sich **Herr und Frau Landrichter** aus Wien nach der Kontonummer.

A ***Wir danken***

B ***Erweitern Sie Ihren Wortschatz!***

C ***Herr und Frau Landrichter, die Helden von einst!***

D ***St. Gallerin gestaltet die Expo***

E ***Schweizerische Frauen-Band auf der Expo 2001***

F ***So reden wir: Viele Wörter, aber immer dieselben***

Lösungen:

1. Zu Text **1** passt Überschrift ☐.
2. Zu Text **2** passt Überschrift ☐.
3. Zu Text **3** passt Überschrift ☐.

Leseverstehen 3 – Teil 2

Kurztest – Detailverstehen

ca. 20 Min. → **Lesen Sie zuerst den Text.**

1 Text → **Lösen Sie dann die Aufgaben. Was steht im Text? Kreuzen Sie die richtige**

15 Punkte **Antwort (A, B, C) an. Die Reihenfolge der Aufgaben ist nicht immer identisch mit der Reihenfolge im Text.**

Irmgard

Sie wohnt am Stadtrand von Schweinfurt in einer ruhigen Straße mit Mietshäusern mit kleinen Vorgärten. Hier ist sie groß geworden, die 19-jährige Irmgard Spahn, jüngstes von fünf Kindern, der Vater Arbeiter bei der Stadtverwaltung, die Mutter gelernte Friseurin. Geld war immer knapp, die 85-Quadratmeter-Wohnung immer zu eng. Trotzdem hat ihnen nie etwas gefehlt.

Seit zwei Jahren verdient die Tochter Irmgard selbst, wenn auch nicht viel: Sie ist Bürolehrling. Von 500 Euro, die sie ausbezahlt bekommt, liefert sie hundert Euro zu Hause ab und hundert trägt sie zur Sparkasse. Die restlichen 300 gibt sie aus. „Ich kaufe viel und gern“, sagt Irmgard, „manchmal viel zu viel“. Gemeint sind Kleider.

In die Schule ist sie sehr gern gegangen. Erstmal war sie vom Unterricht begeistert, da sie sehr gute Lehrer hatte. Und dann kam sie mit ihren Mitschülern ausgezeichnet zurecht. In der siebten Klasse Realschule hat der Direktor ihre Mutter kommen lassen und ihr vorgeschlagen, dass Irmgard die Schule wechselt und das Abitur macht. Aber Irmgard wollte einfach nicht weg, ist in der Realschule geblieben und hat nur die mittlere Reife gemacht. Durchschnitt zwei. Sie wäre dann gerne noch auf eine Sprachenschule gegangen, aber das war vom Finanziellen her nicht möglich, weil ihr Bruder auch studierte. Also hat sie sich bei verschiedenen Firmen in Schweinfurt um eine Lehrstelle beworben, und als dann von einer Zahnradfabrik die Zusage kam, hat sie sofort unterschrieben. Diesen Sommer beendet sie ihre Ausbildung als Stenokontoristin und wird dann von der Firma angestellt, was heutzutage nicht selbstverständlich ist. Im Moment nimmt sie noch an einem Englischkurs teil, damit sie in einer Abteilung arbeiten kann, wo Fremdsprachen benötigt werden.

Ihre Freizeit verbringt sie oft in einer Clique. Das sind acht junge Leute, gemischt Jungen und Mädchen. Irmgard ist die Jüngste, der Älteste ist 24.

Über ihre Zukunft hat sich Irmgard noch wenig Gedanken gemacht. Eigentlich möchte sie noch nicht weg von zu Hause. Ihr gefällt es in ihrer Familie. So schnell wird sie nicht ausziehen. Wenn sie beruflich mal ins Ausland könnte – die Zahnradfabrik hat in Frankreich und in England Niederlassungen –, dann würde sie schauen, dass sie nicht gar so weit wegkommt. Damit sie öfter mal nach Hause fahren kann.

4 Irmgard Spahn

A) hat vier Geschwister.
B) muss für ihre Eltern arbeiten.
C) ist mit acht Mitschülern in einer Clique.

5 Sie wollte das Abitur nicht machen,

A) weil der Direktor nicht wollte, dass sie die Schule wechselt.
B) weil es ihr in der Realschule so gut gefiel.
C) weil sie eine schlechte Schülerin war.

6 Irmgard hat vor

A) in einer Abteilung zu arbeiten, wo Fremdsprachen benötigt werden.
B) sofort ins Ausland zu gehen.
C) so schnell wie möglich aus dem Elternhaus auszuziehen.

Leseverstehen 3 – Teil 3

Kurztest – Selektives Verstehen

ca. 7 Min.	➜	**Bitte lesen Sie die sechs Situationen (7 – 12) und dann die sieben Texte (A – G).**
7 Texte	➜	**Notieren Sie, welche Anzeige zu welcher Situation passt.**
15 Punkte		**Verwenden Sie jede Anzeige nur einmal.**
	➜	**Wenn es keine passende Anzeige gibt, markieren Sie es so: [–].**

Situationen:	Anzeige:
7 Sie möchten ein paar Zauberkunststücke lernen.	☐
8 Sie interessieren sich für den Kauf einer Wohnung in der Schweiz.	☐
9 Sie möchten ein Spiel von Slovan Bratislava im Fernsehen sehen.	☐
10 Sie möchten sich über den Hundeschmutz im Park beschweren.	☐
11 Sie haben einen Freund, der oft ins Spielkasino geht und viel Geld verliert. Sie möchten ihm helfen, dass er nicht mehr spielt.	☐
12 Sie verbringen Ihren Urlaub in Graz in Österreich. Sie suchen eine Veranstaltung für Ihre Kinder.	☐

A

Spielkasino
Besuchen Sie häufig Spielkasinos??
Wir haben den
100%igen Tipp für Sie,
wie Sie beim Roulette nie wieder verlieren!

B

Bei Beschwerden und Vorschlägen, die städtische Parks, Grünanlagen betreffen, rufen Sie bitte:
214-7583
(Telefonzentrale der Gemeindeaufsicht für Park- und Grünanlagen)

C

Expo 2000

Am 1. Juni beginnt die Weltausstellung ***Expo 2000*** in Hannover, bei der auch ein Themenpark „Zukunft der Arbeit“ zu sehen sein wird. Die genauen Termine zum Thema „Weiterbildung“ werden noch bekannt gegeben.

Informationen im Internet unter www.expo2000.de

E

Zauberdiplom
Auch in diesem Jahr veranstaltet Magier Fred Bossi sein Kursprogramm *Das Ulmer Zauber-Diplom*. In seiner Zauberschule bringt er seinen Schülern bei, wie man Wasser in Wein und Spielkarten in Blumen verwandelt. Die Kurse dauern ein Wochenende oder eine Woche lang.
Anmeldung unter Tel. 07307/7722608

D

Westbad Graz
18.8.
Sommerfest
von 11 bis 22 Uhr

KINDERPROGRAMM
- Wasserspiele
- Rasenspiele
- Kinderzirkus Bambino
- die Grazer Feuerwehr
- Geschicklichkeitsspiele

ABENDPROGRAMM
- Musikkapelle
- Volkstheatergruppe
- Schauturnen
- Grillparty

F

Schweiz
Graubünden Laax
an schönster sonniger Aussichtslage verschiedene Objekte zu verkaufen.
z.B. **3 1/2 Zi. Whg.**
CHF 490 000,-
+ EFH CHF 590 000,-
inkl. Landanteil.
Mit Ausländerbewilligung.
Auskunft erteilt
Herder Immobilien, Films-Dorf
0041/81/7222616

G

SPORT IM FERNSEHEN

Dienstag

SF2. 22.20 Sport aktuell: Eishockey: Nationalliga A mit ZSC Lions – Langnau, Euroliga mit Lugano – Slovan Bratislava, Bob: Schweizer Meisterschaft Zweierbob, St. Moritz.
TSR 1. 19.20 Tout sport: Retrospective 1999
TSI 2. 20.35 Hockey su ghiaccio: Eurolega, semifinale andata. Cronaca diretta.
ZDF. 15.00 Sport.
Orf 1. 19.00 Bad Kleinkirchheim: Snowboard: World Series.
SAT 1. 18.50 täglich ran Sport. 0.25 ran Football 17. Spieltag NFL: Atlanta Falcons – San Francisco 49ers.

Sprachbausteine 3 – Teil 1

Kurztest – Korrekte Textergänzung

ca. 6 Min. → **Lesen Sie den folgenden Brief.**
1 Text **Welches Wort (A, B oder C) passt in die Lücken 1 bis 6?**
9 Punkte → **Kreuzen Sie an.**

Liebe Deutschlernerinnen, liebe Deutschlerner,

es ist wirklich sehr interessant hier. Heute möchte ich euch **1** ____ über das Essen und Trinken hier berichten. Die meisten Menschen essen mittags warm und abends kalt. **2** ____ Essen ist es oft ungemütlich, denn das Essen zu Hause dauert oft keine halbe Stunde. **3** ____ die Deutschen abends essen gehen, so meist sehr früh, oft schon um halb sieben oder sieben. Kommt man **4** ____ um zehn oder halb elf, kann es sein, dass man nichts mehr bekommt. Sie sagen, es sei nicht gesund, so spät **5** ____ essen. Überhaupt achten viele Menschen beim Essen auf die Gesundheit. Aber ganz ehrlich: So richtig **6** ____ Essen schmeckt mir meist gar nicht so gut.

Viele Grüße Rita

1
A) etwas
B) manchmal
C) schon

2
A) Beim
B) Vom
C) Zum

3
A) Als
B) Weil
C) Wenn

4
A) erst
B) noch
C) schon

5
A) für
B) zu
C) zum

6
A) gesund
B) gesunde
C) gesundes

Sprachbausteine 3 – Teil 2

Kurztest – Korrekte Textergänzung

ca. 6 Min. → **Lesen Sie den folgenden Brief. Welches Wort (a bis j) passt in welche Lücke**
1 Text **(1 bis 6)? Beachten Sie: Ein Wort dürfen Sie nur einmal verwenden.**
9 Punkte **Einige Wörter passen in keine Lücke.**
→ **Schreiben Sie dann die Lösungen in die Tabelle.**

a) AUCH
b) DASS
c) DOCH
d) EINES
e) ES
f) HAT
g) KANN
h) MUSS
i) OB
j) VON
k) ~~EUCH~~

Liebe Deutschlernerinnen, liebe Deutschlerner,

stellt **0** *euch* vor: In Deutschland gibt **1** ____ jedes Jahr über 8.000 Verkehrstote! Vor 20 Jahren gab es zwar noch viel mehr, **2** ____ finde ich die Zahl immer noch viel zu hoch. Wie ich gehört habe, ist ungefähr die Hälfte der Verkehrstoten Opfer **3** ____ Unfalls, bei dem einer der Fahrer vor dem Autofahren Alkohol getrunken **4** ____. Inzwischen gibt es zum Glück ein neues Gesetz. Demnach darf man nicht mehr Auto fahren, wenn man mehr als 0,5 Promille Blutalkohol hat. Da **5** ____ man eigentlich gar keinen Alkohol mehr trinken, wenn man noch fahren will. Hoffen wir zusammen, **6** ____ durch diese Regelung die Zahl der Verletzten und Toten im Straßenverkehr weiter sinkt.

Ihr seht, es ist nicht ungefährlich hier ...

Viele Grüße aus Deutschland und bis zum nächsten Mal Rita

0	1	2	3	4	5	6
k						

Hörverstehen 3 – Teil 1

Kurztest – Globalverstehen

6–7 Min. → **Bitte lesen Sie zuerst die Aufgaben 1 bis 3. Dazu haben Sie 20 Sekunden Zeit.**
3 Texte → **Hören Sie dann die drei kurzen Texte e i n m a l.**
15 Punkte → **Lösen Sie beim Hören die drei Aufgaben und kreuzen Sie an: Ist die Aussage richtig oder falsch?**

Track	Nr.	Aussage	richtig	falsch
17–18	1	Für Sprecherin 1 bedeutet das Wochenende immer sehr viel Erholung.		
19	2	Sprecher 2 sitzt während des ganzen Wochenendes vor dem Fernseher.		
20	3	Sprecherin 3 treibt am Wochenende immer viel Sport.		

Hörverstehen 3 – Teil 2

Kurztest – Detailverstehen

6–7 Min. → **Bitte lesen Sie zuerst die Aufgaben 4 bis 9.**
1 Text **Dazu haben Sie eine halbe Minute Zeit.**
15 Punkte → **Hören Sie dann das Gespräch z w e i m a l.**
→ **Lösen Sie beim Hören oder danach die sechs Aufgaben und kreuzen Sie an: Ist die Aussage richtig oder falsch?**

Track	Nr.	Aussage	richtig	falsch
21	4	Frau Weber ist der Meinung, dass die Natur systematisch zerstört wird.		
	5	Die Industrie und die Politiker sind allein verantwortlich für die Umweltzerstörung.		
	6	Herr Bär bewundert die jungen Leute von Greenpeace.		
	7	Frau Weber macht alles mit, was auch die anderen machen.		
	8	Die Leute von Team 50-Plus helfen vor allem bei der Information der Bürger mit.		
	9	Der Reporter glaubt, dass die Briefe an die Politiker helfen die Menschen zu überzeugen.		

Hörverstehen 3 – Teil 3

Kurztest – Selektives Verstehen

6–7 Min. → **Bitte lesen Sie zuerst die Aufgaben 10 bis 12.**
3 Texte → **Hören Sie dann drei kurze Texte z w e i m a l.**
15 Punkte → **Lösen Sie beim Hören oder danach die drei Aufgaben und kreuzen Sie an: Ist die Aussage richtig oder falsch?**

Track	Nr.	Aussage	richtig	falsch
22	10	Die Zahnarztpraxis ist auch an den Wochenenden geöffnet.		
23	11	„Deit" ist vor allem ein Mittel, um schlank zu bleiben.		
24	12	Die Ankunft in Athen kann sich leicht verspäten.		

Schriftlicher Ausdruck 3

Kurztest – einen halbformellen Brief schreiben

18 Min.
1 Brief
27 Punkte

→ **Sie haben sich bei der Deutschen Austausch-Hilfe e. V., Bonner Str. 64, 12037 Berlin, um ein Stipendium für einen Sprachkurs in Deutschland beworben. Sie haben schon alle Unterlagen eingereicht und erhalten jetzt den folgenden Brief.**

Sehr geehrte Frau ..., / Sehr geehrter Herr ...,

wir bestätigen Ihnen hiermit den Eingang Ihrer Bewerbungsunterlagen. Bei Durchsicht der Unterlagen haben wir festgestellt, dass noch die Begründung für Ihre Bewerbung fehlt.

Bitte reichen Sie diese innerhalb der nächsten zwei Wochen nach, ansonsten können wir Ihre Bewerbung nicht berücksichtigen.

Mit freundlichen Grüßen

Deutsche Austausch-Hilfe e. V.
i. A.
Anne Lutz

→ **Schreiben Sie den Antwortbrief und gehen Sie dabei auf die folgenden Punkte ein:**

- **was Sie von einem Sprachkurs in Deutschland erwarten**
- **warum Sie das Stipendium benötigen**
- **warum Sie Deutsch lernen.**

→ **Gehen Sie auf alle drei Punkte ein und bringen Sie die drei Punkte in eine sinnvolle Reihenfolge. Denken Sie an die Merkmale eines Briefes wie Datum, Anrede usw., auch an die Einleitung und den Schluss.**

Mündliche Prüfung 3 – Teil 1

Kurztest – Kontaktaufnahme

ca. 2 Min.
4 Fragen
9 Punkte

→ Bitte führen Sie mit Ihrem Partner / Ihrer Partnerin ein kurzes Gespräch über folgende Themen:

- Name
- Alter
- Familie (Eltern, Geschwister)
- Beruf / berufliche Ziele.

Mündliche Prüfung 3 – Teil 2

Kurztest – Gespräch über ein Thema

für Partner A:

3–4 Min.
je 1 Text
18 Punkte

→ Sie und Ihr Partner / Ihre Partnerin haben unterschiedliche Informationen zum Thema „Leben in der Stadt oder auf dem Land". Sehen Sie sich bitte Ihre Abbildung an.

→ Zuerst sollen Sie und Ihr Partner / Ihre Partnerin sich gegenseitig berichten, was Sie sich angeschaut haben.

→ Führen Sie danach mit Ihrem Partner / Ihrer Partnerin ein kurzes Gespräch über das Thema „Leben in der Stadt oder auf dem Land". Erzählen Sie, wo Sie wohnen und welche Vorteile und welche Nachteile das hat.

→ Auch Ihr Partner / Ihre Partnerin wird Ihnen zu diesem Thema etwas von sich berichten. Stellen Sie Fragen dazu und reagieren Sie darauf.

Immobilienpreise in der Stadt und auf dem Land am Beispiel Österreich	ländliche Gegend	große Stadt
Durchschnittliche Mietpreise für eine 50 qm 2-Zimmer-Wohnung, mittlere Qualität	240 €	360 €
Durchschnittliche Mietpreise für eine 80 qm 3-Zimmer-Wohnung, mittlere Qualität	380 €	500 €
Durchschnittlicher Kaufpreis für ein Einfamilienhaus in ruhiger Lage, 10 Jahre alt, 130 qm Wohnfläche, mittlere Qualität, 400 qm Grundstück	200.000 €	286.000 €

Wollen Sie billig wohnen? Dann ziehen Sie auf's Land! Hier leben Sie wesentlich preisgünstiger als in der Stadt – sowohl wenn Sie mieten wollen als auch wenn Sie kaufen wollen.

für Partner B:

3–4 Min.
je 1 Text
18 Punkte

→ **Sie und Ihr Partner/Ihre Partnerin haben unterschiedliche Informationen zum Thema „Leben in der Stadt oder auf dem Land". Sehen Sie sich bitte Ihre Abbildung an.**

→ **Zuerst sollen Sie und Ihr Partner/Ihre Partnerin sich gegenseitig berichten, was Sie sich angeschaut haben.**

→ **Führen Sie mit Ihrem Partner/Ihrer Partnerin ein kurzes Gespräch über das Thema „Leben in der Stadt oder auf dem Land". Erzählen Sie, wo Sie wohnen und welche Vorteile und welche Nachteile das hat.**

→ **Auch Ihr Partner/Ihre Partnerin wird Ihnen zu diesem Thema etwas von sich berichten. Stellen Sie Fragen dazu und reagieren Sie darauf.**

Verkehrsverbindungen in der Stadt oder auf dem Land?
Am Beispiel Österreich.

	ländliche Gegend z. B. ein Bergdorf in den Alpen	**große Stadt**
Bus	4–6 Mal am Tag	regelmäßig
Straßenbahn	–	regelmäßig
U-Bahn, S-Bahn	–	regelmäßig
Eisenbahn-Bahnhof	nächster Bahnhof nur mit dem Bus zu erreichen	+

Wer auf dem Land lebt, muss manchen Nachteil in Kauf nehmen. So auch bei den Verkehrsverbindungen. Ein österreichisches Bergdorf zum Beispiel ist oft nur durch den Bus mit der Außenwelt verbunden. Der Städter ist hier im Vorteil. Er hat meist die Wahl zwischen Bus und Bahn. Kein Wunder also, dass es in der Stadt leichter ist als auf dem Land, auf ein eigenes Auto zu verzichten.

Mündliche Prüfung 3 – Teil 3

Kurztest – Gemeinsam eine Aufgabe lösen

3–4 Min.
1 Thema
18 Punkte

→ **Sie und Ihr Partner/Ihre Partner wohnen gemeinsam in einer Wohnung. Am Samstag muss wieder einmal richtig geputzt und aufgeräumt werden. Planen Sie gemeinsam den Tag.**

→ **Machen Sie Notizen.**

- Was muss geputzt werden?
- Was muss aufgeräumt werden?
- Wer macht was?

Leseverstehen 4 – Teil 1

Kurztest – Globalverstehen

ca. 15 Min. → Bitte lesen Sie zuerst die drei Texte (1 – 3).
3 Texte → Lesen Sie dann die sechs Überschriften (A – F).
15 Punkte → Notieren Sie, welche Überschrift zu welchem Text passt. Verwenden Sie dabei jeden Text, jede Überschrift nur einmal. Nur zum Beispieltext (Text 3) passt noch eine zweite Überschrift.

Beispiel: Die australischen Tap Dogs in Zürich **Lösung:** Die Überschrift passt zu Text 3.

1

Chefs, aufgepasst: Kaufen Sie Musikanlagen und fetzige Rock-CDs für Ihre Mitarbeiter. Denn das bringt mehr Leistung. Davon ist jedenfalls der englische Psychologe Adrian North (Universität Leicester) überzeugt. Der Wissenschaftler beobachtete Bankmitarbeiter, die mit Überweisungen am Computer beschäftigt waren. Sie hatten selbst zehn schnelle Musikstücke und zehn langsame Schmuse-Stücke ausgewählt. Alles Pop-Musik. Ergebnis: Wurde die schnelle Musik gespielt, war die Produktivität um zwölf Prozent höher, als wenn Ruhe herrschte und keine Musik an war. Die Leistung stieg bei den schnellen Rock-Titeln sogar um 20 Prozent, wenn vorher die schläfrigen Schmuselieder abgelaufen waren.

2

Fläche:
160 km^2, davon $1/3$ Siedlungsgebiet und $2/3$ Gebirge.
Einwohner:
30.923 (Ende 1995); davon rund 37 % Ausländer, hauptsächlich Schweizer, Österreicher und Deutsche.
Sprache
Amtssprache ist Hochdeutsch, Umgangssprache ein alemannischer Dialekt.
Religion:
80 % der Bevölkerung sind römisch-katholisch, 7 % protestantisch, 13 % andere.

3

Sie sind laut, sie sind schnell und sie sind männlich: Die Tap Dogs aus Australien bringen nach eigenen Angaben die „heisseste Show auf Beinen" auf die Bühne. Wer die steppenden Hunde letztes Jahr verpasst hat, erhält jetzt bis zum Donnerstag die Gelegenheit, sie im Kongresshaus zu sehen und zu hören. (20 Uhr, Tel. 2 69 81 81).

A *Bankangestellte brauchen Ruhe und Konzentration*

B *Laute Hunde*

C *Ferienland Liechtenstein*

D *Allgemeine Informationen über Liechtenstein*

E *Australische Tierschau im Kongresshaus*

F *Fetzige Musik macht Mitarbeiter schneller*

Lösungen:

1. Zu Text **1** passt Überschrift ☐.
2. Zu Text **2** passt Überschrift ☐.
3. Zu Text **3** passt Überschrift ☐.

Leseverstehen 4 – Teil 2

Kurztest – Detailverstehen

ca. 20 Min. → **Lesen Sie zuerst den Text.**
1 Text → **Lösen Sie dann die Aufgaben. Was steht im Text? Kreuzen Sie die richtige**
15 Punkte **Antwort (A, B, C) an. Die Reihenfolge der Aufgaben ist nicht immer identisch mit der Reihenfolge im Text.**

Ausreißer

Mehr als 40.000 Jugendliche laufen pro Jahr von zu Hause davon. 748 junge Leute wurden in einem Jahr allein in Köln als vermisst gemeldet, davon 526 Mädchen, also mehr als zwei Drittel. Diese Tendenz macht sich auch in anderen Städten bemerkbar. Ein Sozialarbeiter beim Kinder- und Jugendnotdienst in der Feuerbergstraße in Hamburg erklärt den hohen Anteil der Mädchen damit, dass heute schon 13- und 14-Jährige feste Freundschaften haben und damit mehr als die Jungen auf den Widerstand der Eltern stoßen. Solche Schwierigkeiten sind aber nicht die einzigen Gründe der Ausreißerinnen. Schon sehr früh macht sich heute der Wunsch nach Selbstständigkeit und Freiheit bei den Mädchen bemerkbar. Sie wollen freier leben als ihre Mütter und nicht einfach einer vorgeplanten Zukunft folgen, die ihnen keinen Spielraum lässt. Ihnen ist es einfach zu wenig, Hausfrau und Mutter zu werden und finanziell ganz vom Mann abhängig zu sein.

Ursula Wendisch ist eine, die es ohne fremde Hilfe geschafft hat. Mit 18 kehrte sie in ihre Heimatstadt Hamburg zurück und beendete ihre Ausreißerkarriere. Nach einigen Kurzausflügen in verschiedene deutsche Großstädte war sie in der Schweiz gelandet. Die Motive für ihr häufiges Ausreißen kann Ursula heute nur ungenau beschreiben. „Irgendwie fehlte mir Geborgenheit, meine Mutter ist voll berufstätig, sie musste uns drei Kinder allein durchbringen. Andererseits hatte ich auch viele Freiheiten.“ Ursula wechselte oft die Freundesclique, trank viel Alkohol und schwänzte die Schule. Sie musste das Gymnasium verlassen. Das war eine Katastrophe für die Familie, die hohe Erwartungen in sie gesetzt hatte. Ihre Mutter gab es bald auf, sie immer wieder von der Polizei suchen zu lassen. In Zürich, der Endstation ihrer Ausreißerlaufbahn, blieb sie ein Jahr. Dort lernte sie den Sohn einer reichen Künstlerfamilie kennen, der sie mit nach Hause nahm. Aber dort herrschten ganz chaotische Zustände und Vater und Mutter waren total zerstritten. Diese Verhältnisse passten damals ganz gut in ihre Ist-ja-doch-alles-egal-Stimmung. Die Hauptsache, dass sie immer genug Geld für Tabletten und Alkohol hatte. Sie machte mit, bis sie nicht mehr konnte. Gesundheitlich ging es mit ihr dann immer mehr bergab, durch die vielen Tabletten hatte sie am ganzen Körper entzündete Beulen.

Eines Tages verließ sie die Familie und trampte zurück nach Hamburg. Nach einer geglückten Entzugstherapie holte sie ihren Realschulabschluss nach und besorgte sich eine Wohnung. Seit Anfang August besucht sie eine Berufsfachschule, sie möchte technische Zeichnerin werden. „Irgendwie war die Zeit damals wichtig für mich“, fasst sie ihre turbulente Vergangenheit zusammen. „Ich habe mich ganz allein wieder gefangen. Früher dachte ich immer, überall woanders ist es besser. Das stimmt nicht, deshalb muss ich heute nicht mehr davonlaufen!“

4 Junge Mädchen von heute
A) sind Katastrophen für ihre Familien, die von ihnen viel erwarten.
B) möchten mehr Spielraum haben und freier leben.
C) brauchen Geld für Tabletten und Alkohol.

5 Die Gründe für die hohe Zahl von Mädchen unter den Ausreißern sind
A) die Gymnasien, die ihnen keine Geborgenheit bieten.
B) reiche junge Männer mit schicken Autos, die ihnen viele Freiheiten bieten.
C) frühe feste Beziehungen und deshalb Probleme mit den Eltern.

6 Ursula Wendisch
A) verließ ihre Familie wegen der chaotischen Zustände.
B) hat sich wieder gefangen und es geschafft, eine Ausbildung als technische Zeichnerin zu machen.
C) wollte immer schon in die Schweiz, wo sie glaubte freier leben zu können als in Hamburg.

Leseverstehen 4 – Teil 3

Kurztest – Selektives Verstehen

ca. 7 Min. → **Bitte lesen Sie die sechs Situationen (7 – 12) und dann die sieben Texte (A – G).**
7 Texte → **Notieren Sie, welche Anzeige zu welcher Situation passt.**
15 Punkte **Verwenden Sie jede Anzeige nur einmal.**
→ **Wenn es keine passende Anzeige gibt, markieren Sie es so: ☐–.**

	Situationen:	Anzeige:
7	Sie möchten wissen, welche Konzerte es in Zürich am Freitag, dem 14.1., gibt.	☐
8	Sie sind arbeitslos und möchten einen anderen Beruf lernen.	☐
9	Sie möchten für eine Woche zum Skilaufen in die Alpen und suchen ein gutes Hotel mit Schwimmbad.	☐
10	Sie haben ein Sofa zu verkaufen und möchten eine Anzeige aufgeben.	☐
11	Sie suchen ein Restaurant in München, wo Sie Ihre Freunde treffen können.	☐
12	Sie möchten für Ihr Fernsehen eine Satellitenschüssel installieren lassen.	☐

A

Geist und Körper beleben
Im ★★★★ Hotel mit
einzigartiger Badelandschaft und Relaxoase, Masseur, Kinderklub, direkt bei Skilift, Gondelbahn, Skischulen und Langlaufloipen.
7 Tage Zimmer/Frühstück ab CHF 861,-
CCP
Cresta Palace Celerina
CH-7505 Celerina /St. Moritz
Internet: ww.crestapalace.ch H.P.& E:Herren

B

Augustiner Großgaststätten
Manfred Vollmer und seine Mannschaft begrüßen Sie herzlich in der Münchner Fußgängerzone.

Neuhauser Str. 27
80331 München

C

Lesegesellschaft Stäfa
Freitag, 14. Januar 2000
20.15 Uhr
Reformierte Kirche Stäfa

Glasharfen-Ensemble Zürich

Els Ilg., Annemarie Möri, Pius Brogel

Werke von Mozart, Haydn sowie zeitgenössische Komponisten
Vorverkauf: Reisebüro Zeilinger AG
Telefon 01 88468
Karten zu Fr. 35.- und 25,-

D

DOCTOR SAT
IHRE BESTE WAHL FÜR DEN ASTRA HOT BIRD
Digitale Satelliteninstallation
Wir sichern Ihnen die besten Technologien zum besten Preis

INSTALLATION DURCH PROFESSIONELLEN DIPL.-INGENIEUR

Digital Receiver 0,7 DB Digital LNB 120 cm Antenne
Einschließlich Installation 600 €

Tel. 0492-6697251

E

Vorarlberg
Wandern zwischen See und Berg
Detailinformationen finden Sie in unserer Broschüre „Wanderlust"
Vorarlberg Tourismus
Bahnhofstraße 14
Postfach 302,
A-6901 Bregenz
E-Mail: info@vbgtour.at

F

Kurz & Fündig
Unsere Faxnummer!
Schicken Sie uns bitte Ihre private Anzeige unter der Fax-Nummer:
089/38 58 73
€ 0,85 / Min.
Rund um die Uhr immer erreichbar!

G

Gesellschaft für Weiterbildung am Bau
Lernen Am Bau GmbH
Martin-Kollar-Str. 10-12 D-81829 München
Für
Arbeitslose
beginnen wir am
4. Mai 2000
mit der nächsten Umschulung zum
Hochbaufacharbeiter Maurer
mit Abschlusszeugnis
Rufen Sie an!
Telefon 089/34 01 78 70

Sprachbausteine 4 – Teil 1

Kurztest – Korrekte Textergänzung

ca. 6 Min. → **Lesen Sie den folgenden Brief.**
1 Text **Welches Wort (A, B oder C) passt in die Lücken 1 bis 6?**
9 Punkte → **Kreuzen Sie an.**

Lieber Jörg,

heute nur ganz kurz eine Antwort auf deine Frage. Du möchtest wissen, **1** ___ du deine Marion korrigieren sollst, wenn sie beim Sprechen einen Fehler macht (zum Beispiel, wenn sie „genehmt" statt „genommen" sagt). Bitte tu das nicht! Wenn Marion „Hast du das genehmt?" sagt, so hat sie die Form „genehmt" ja noch nie gehört. Sie hat sie vielmehr ganz **2** ___ gebildet. Marion hat selbst eine Regel „gefunden", nämlich die **3** ___ das Partizip II. Dieser Fehler zeigt also, dass Marion **4** ___ dazugelernt hat. Natürlich ist es wichtig, dass Marion später **5** ___ Muttersprache richtig spricht. Der „richtige Fehler" „genehmt" ist aber ein **6** ___ Schritt hin zu diesem Ziel. Du siehst: Das Sprachenlernen ist eine interessante Sache!

Das in Kürze für heute.

Viele Grüße *deine Rose*

1
A) dass
B) ob
C) wenn

2
A) alleine
B) sie selbst
C) sie

3
A) an
B) durch
C) für

4
A) das
B) es
C) etwas

5
A) ihre
B) ihrem
C) ihrer

6
A) wichtige
B) wichtigen
C) wichtiger

Sprachbausteine 4 – Teil 2

Kurztest – Korrekte Textergänzung

ca. 6 Min. → **Lesen Sie den folgenden Brief. Welches Wort (a bis j) passt in welche**
1 Text **Lücke (1 bis 6)? Beachten Sie: Ein Wort dürfen Sie nur einmal verwenden.**
9 Punkte **Einige Wörter passen in keine Lücke.**
→ **Schreiben Sie dann die Lösungen in die Tabelle.**

a) AUS
b) DEN
c) DENEN
d) DER
e) DIESER
f) EINER
g) ES
h) INTERES-SANTES
i) VON
j) WENN
k) ~~LIEBE~~

0 *Liebe* Christa,

1 ___ Salamanca sende ich dir viele Grüße. Ich mache hier Sprachferien. Vormittags haben wir fünf Stunden Spanischkurs, **2** ___ in der Gruppe sehr viel Spaß macht. Nachmittags und an den Wochenenden haben wir ein **3** ___ Freizeitprogramm. Wir machen Fahrten durch das Land, besuchen Städte und besichtigen Kunstdenkmäler. Übrigens habe ich bei **4** ___ spanischen Familie Unterkunft gefunden. Da bin ich natürlich gezwungen Spanisch zu sprechen, was sehr gut ist. **5** ___ sind sehr nette Leute, bei **6** ___ ich viel über die Menschen und ihren Alltag erfahre.

Viele Grüße *deine Anne-Laura*

0	1	2	3	4	5	6
k						

Hörverstehen 4 – Teil 1

Kurztest – Globalverstehen

6–7 Min. → **Bitte lesen Sie zuerst die Aufgaben 1 bis 3. Dazu haben Sie 20 Sekunden Zeit.**
3 Texte → **Hören Sie dann die drei kurzen Texte e i n m a l.**
15 Punkte → **Lösen Sie beim Hören die drei Aufgaben und kreuzen Sie an: Ist die Aussage richtig oder falsch?**

Track	Nr.	Aussage	richtig	falsch
25–26	1	Sprecherin 1 legt großen Wert auf gutes Essen.		
27	2	Sprecher 2 isst gern Fleisch und Wurst.		
28	3	Für Sprecherin 3 bedeutet gutes Essen nicht viel.		

Hörverstehen 4 – Teil 2

Kurztest – Detailverstehen

6–7 Min. → **Bitte lesen Sie zuerst die Aufgaben 4 bis 9.**
1 Text **Dazu haben Sie eine halbe Minute Zeit.**
15 Punkte → **Hören Sie dann das Gespräch z w e i m a l.**
→ **Lösen Sie beim Hören oder danach die sechs Aufgaben und kreuzen Sie an: Ist die Aussage richtig oder falsch?**

Track	Nr.	Aussage	richtig	falsch
29	4	Bernd ist seit 15 Jahren im Fußballklub Borussia Dortmund.		
	5	Er ist noch kein Stammspieler.		
	6	Bernd würde gerne im Fußballklub „Energie Cottbus" spielen.		
	7	Bei Borussia Dortmund hat man ihm gesagt, dass er besser einen Beruf lernen soll, als Profifußballer zu werden.		
	8	Bernd möchte gern einen Bankeinbruch machen.		
	9	Bernd hat schon eine Lehrstelle beim Verein.		

Hörverstehen 4 – Teil 3

Kurztest – Selektives Verstehen

6–7 Min. → **Bitte lesen Sie zuerst die Aufgaben 10 bis 12.**
3 Texte → **Hören Sie dann drei kurze Texte z w e i m a l.**
15 Punkte → **Lösen Sie beim Hören oder danach die drei Aufgaben und kreuzen Sie an: Ist die Aussage richtig oder falsch?**

Track	Nr.	Aussage	richtig	falsch
30	10	Der Tourismus in den Alpen ist für die Umwelt sehr schädlich.		
31	11	In den Alpen ist das Wetter am Freitag sehr schön.		
32	12	Die Fahrgäste sollen Fragen stellen.		

Schriftlicher Ausdruck 4

Kurztest – einen halbformellen Brief schreiben

18 Min.
1 Brief
27 Punkte

→ Ihre Wohnung ist Ihnen zu klein und zu laut geworden und Sie suchen eine neue Wohnung. In Ihrer Zeitung, dem Südwest-Anzeiger (Parkstr. 14, 79108 Freiburg), lesen Sie am 19.04.20... die folgende Wohnungs-Annonce:

> **Sonnige 3-Zi-Wohng.**
> in 2-Famil.-Haus, Stadtrand, Nähe West-Park. 85 m², Balkon, Einbau-Küche, separates Gäste-WC.
> **Miete 490 € + NK.** Chiffre WG2487/01.

→ Schreiben Sie einen Brief an die Zeitung und bitten Sie darum, Ihren Brief an die Vermieter der Wohnung weiterzuleiten*. Drücken Sie Ihr Interesse an der Wohnung aus und gehen Sie auf die folgenden Punkte ein:

- Bitten Sie um einen Besichtigungstermin.
- Stellen Sie sich kurz vor.
- Schreiben Sie, wer in der Wohnung wohnen wird.

→ Gehen Sie auf alle drei Punkte ein und bringen Sie die drei Punkte in eine sinnvolle Reihenfolge. Denken Sie an die Merkmale eines Briefes wie Datum, Anrede usw., auch an die Einleitung und den Schluss; Geben Sie auch Ihre Telefonnummer an.

*Geben Sie den folgenden „Betreff" an:
Wohnungsannonce WG2487/01 in der Ausgabe vom 19.04.20...
Bitte um Weiterleitung an Vermieter

Mündliche Prüfung 4 – Teil 1

Kurztest – Kontaktaufnahme

ca. 2 Min.
4 Fragen
9 Punkte

➔ Bitte führen Sie mit Ihrem Partner / Ihrer Partnerin ein kurzes Gespräch über folgende Themen:
- Name
- Herkunft
- Freizeit, Hobbys
- welche Musik sie / er mag.

Mündliche Prüfung 4 – Teil 2

Kurztest – Gespräch über ein Thema

für Partner A:

3–4 Min.
je 1 Text
18 Punkte

➔ Sie und Ihr Partner / Ihre Partnerin haben unterschiedliche Informationen zum Thema „Unfälle im Straßenverkehr in der Schweiz". Sehen Sie sich bitte die Abbildung an.

➔ Zuerst sollen Sie und Ihr Partner / Ihre Partnerin sich gegenseitig berichten, was Sie sich angesehen haben.

➔ Führen Sie mit Ihrem Partner / Ihrer Partnerin ein kurzes Gespräch über das Thema „Unfälle im Straßenverkehr". Was ist Ihre Meinung zu dem Thema? Wie ist die Situation in Ihrem Land?

➔ Auch Ihr Partner / Ihre Partnerin wird Ihnen etwas über dieses Thema berichten. Stellen Sie Fragen dazu und reagieren Sie darauf.

Unfallursachen im Straßenverkehr der Schweiz 1998

Alkohol:	95 Verkehrstote pro Jahr (= 15,9 % der Verkehrstoten), 2.000 Verletzte pro Jahr
Alter:	bei 1/3 aller Unfälle mit Personenwagen ist ein 18- bis 29-Jähriger beteiligt.
Geschlecht:	400 getötete Männer, 150 getötete Frauen – 15.000 verletzte Männer, 10.000 verletzte Frauen

Wie sieht der typische Unfallfahrer im Straßenverkehr aus? Er ist ein Mann, zwischen 18 und 29-Jahre alt und hat Alkohol getrunken. All die Versuche, die Straßen sicherer zu machen, müssen erfolglos bleiben, solange 1. Alkohol am Steuer nicht absolut verboten ist und 2. junge Männer nicht verantwortungsvoller Auto fahren. Vielleicht sollten sie sich an den Frauen ein Beispiel nehmen.

für Partner B:

3–4 Min.
je 1 Text
18 Punkte

- → **Sie und Ihr Partner/Ihre Partnerin haben unterschiedliche Informationen zum Thema „Unfälle im Straßenverkehr in der Schweiz". Sehen Sie sich bitte die Abbildung an.**
- → **Zuerst sollen Sie und Ihr Partner/Ihre Partnerin sich gegenseitig berichten, was Sie sich angesehen haben.**
- → **Führen Sie mit Ihrem Partner/Ihrer Partnerin ein kurzes Gespräch über das Thema „Unfälle im Straßenverkehr". Was ist Ihre Meinung zu dem Thema? Wie ist die Situation in Ihrem Land?**
- → **Auch Ihr Partner/Ihre Partnerin wird Ihnen etwas über dieses Thema berichten. Stellen Sie Fragen dazu und reagieren Sie darauf.**

Autounfälle in der Schweiz

Jahr	Anzahl der Fahrzeuge	Unfälle	Verletzte	Verkehrstote
1980	2,7 Millionen	ca. 67.000	ca. 32.000	1.246
1990	3,7 MIllionen	ca. 79.000	ca. 29.000	954
1998	4,3 Millionen	ca. 78.000	ca. 28.000	597

Das Autofahren bleibt gefährlich, auch wenn sich die Situation beständig verbessert. So hat sich die Anzahl der Unfälle in den letzten 20 Jahren nur um etwa 15 Prozent erhöht, während die Zahl der Autos auf den Schweizer Straßen um 60 % gestiegen ist. Dennoch sind fast 600 Verkehrstote und 28.000 Verletzte pro Jahr immer noch entschieden zu viel.

Mündliche Prüfung 4 – Teil 3

Kurztest – Gemeinsam eine Aufgabe lösen

3–4 Min.
1 Thema
18 Punkte

- → **Sie und Ihr Partner/Ihre Partnerin wollen am Wochenende Freunde einladen und etwas Schönes kochen. Planen Sie das Kochen und die Vorbereitungen gemeinsam.**
- → **Machen Sie sich Notizen.**
  - Was wollen Sie kochen?
  - Wer kauft was ein? Wo? Wann?
  - Wer kocht welchen Teil des Essens?
  - Welche Getränke werden benötigt?

Leseverstehen 5 - Teil 1

Modelltest - Globalverstehen

ca. 25 Min. → Bitte lesen Sie zuerst die fünf Texte (1 – 5).
5 Texte → Lesen Sie dann die zehn Überschriften (A – K).
25 Punkte → Notieren Sie, welche Überschrift zu welchem Text passt. Verwenden Sie dabei jeden Text, jede Überschrift nur einmal. Nur zum Beispieltext (Text 3) passt noch eine zweite Überschrift.

Beispiel: Bern ist vorn bei den europäischen Hauptstädten

Lösung: Die Überschrift passt zu Text 3.

1

Die stillgelegte Brücke der SBB-Linie nach Tiefenbrunn soll nach dem Willen der Stadt Zürich mit 1,4 Millionen zu einem Fuss- und Veloweg umfunktioniert werden. Damit wird eine Forderung vieler Bewohnerinnen und Bewohner erfüllt. Wir verlangen im Gemeinderat, dass diese Brücke endlich für die Bevölkerung benutzbar gemacht wird. Mit einer städtischen Volksinitiative (über 4.000 Unterschriften), welche auf der Lettenbrücke dem Gemeinderatspräsidenten überreicht wurde, doppelten wir nach. Die Umnutzung des Lettenviaduktes ist eine sinnvolle Investition und schafft Arbeitsplätze!
Bürgerinitiative Nordwest

2

Wer jeden Tag ein Flugzeug besteigt, fällt – rein statistisch gesehen – nach 29.000 Jahren einem Unglück zum Opfer. „Das Risiko, bei einem Absturz ums Leben zu kommen, ist also denkbar gering", so Arnold Barnett vom renommierten Massachusetts Institute of Technology. Es lohne sich nicht einmal, darüber nachzudenken. Der Statistik-Professor hatte zuvor sämtliche Flugzeugabstürze der vergangenen zehn Jahre erfasst und in Relation zum Verkehrsaufkommen gesetzt.

3

Rom, 3. Jan. (sda/apa) Bern und Wien sind die europäischen Hauptstädte mit der höchsten Lebensqualität. Dies geht aus einer Studie des Consulting-Unternehmens William Mercer hervor. Dieses Unternehmen führt jährlich eine derartige Untersuchung unter den bedeutendsten Wirtschaftsstandorten weltweit durch. Die Faktoren, die von der in Rom präsentierten Studie berücksichtigt wurden, sind die wirtschaftspolitische Lage, die Umwelt, das Gesundheitswesen, das Kultur- und Freizeitangebot. Auf den ersten 20 Plätzen liegen ausschließlich europäische Städte. Ausser Bern und Wien wurden Kopenhagen, Genf, Amsterdam und Frankfurt sowie Helsinki und München wegen ihrer Lebensqualität gelobt.

4

Wer viel liest, Theater und Konzerte besucht oder selbst musiziert, lebt länger, so schwedische Sozialmediziner. Mögliche Gründe: bessere Bewältigung der Alltagsprobleme, perfekteres Immunsystem. Die Sterblichkeitsrate bei Kulturmuffeln war bei Tests mit 12.982 Personen deutlich höher.

5

Die National Geographic Society in Washington hat ihren Weltatlas zur kostenlosen Benutzung ins Internet gestellt. Unter www.nationalgeographic.com/mapmachine lassen sich die Seiten aufrufen. Dort kann man alle wichtigen Orte der Welt auf einer Landkarte markieren und näher an den Ort heranzoomen. Außerdem lassen sich zum jeweiligen Land Zusatzinformationen abfragen. Für die USA werden auch astronomische Himmelskarten und eine Reihe weiterer Leistungen offeriert.

A *Jeden Tag im Flugzeug*

B *In Bern lässt sich´s leben*

C *Schwedische Sozialmediziner leben gesünder*

D *Weltatlas im Internet*

E *Wir fordern einen Fuss- und Veloweg auf der stillgelegten Lettenbrücke!*

F *Wo man singt ...*

G *Die größten europäischen Hauptstädte*

H *Die USA im Internet*

I *29 000 Jahre unfallfrei*

K *Bürgerinitiative fordert neue Brücke*

Lösungen:

1. Zu Text **1** passt Überschrift ☐.
2. Zu Text **2** passt Überschrift ☐.
3. Zu Text **3** passt Überschrift ☐.
4. Zu Text **4** passt Überschrift ☐.
5. Zu Text **5** passt Überschrift ☐.

Leseverstehen 5 – Teil 2

Modelltest – Detailverstehen

ca. 30 Min. | 1 Text | 25 Punkte

→ Lesen Sie zuerst den Text.

→ Lösen Sie dann die Aufgaben. Was steht im Text? Kreuzen Sie die richtige Antwort (A, B, C) an. Die Reihenfolge der Aufgaben ist nicht immer identisch mit der Reihenfolge im Text.

Frisbee

Auch das hat natürlich wieder in Amerika begonnen: Die „Frisbee Pie Company“ lieferte vor dem Zweiten Weltkrieg der Yale Universität Apfelkuchen auf dünnen Blechtellern in die Mensa. Statt die Teller gegen Pfand wieder zurückzugeben, haben die Studenten sie einander zugeworfen.

Ob diese Geschichte mehr als nur eine Geschichte ist, weiß heute keiner mehr so genau. Tatsache ist, dass ein schlauer Geschäftsmann im Jahre 1948 auf die Idee kam sich die Rechte für die fliegenden Teller zu sichern. Er gab dem Objekt den Namen Frisbee, fertigte Wurfscheiben aus Plastik an, verhökerte sie am Strand und machte ein Millionen-Dollar-Geschäft.

Nachdem die Frisbees in Amerika gestartet waren, hat es nicht lange gedauert, bis sie zur Landung in Europa angesetzt haben. Fast jeder, der zum ersten Mal mit der Frisbeescheibe spielt, stellt fest, dass ein elegantes Spiel nicht ganz so leicht ist, wie es aussieht. Zu schnell kommt die Plastikscheibe angesegelt, als dass Anfänger nicht immer wieder den Griff ins Leere verschmerzen müssten. Doch – alles in allem – ist der Frisbee-Sport ausgesprochen unkompliziert. Mit einem Durchmesser von 23 bis 30 Zentimetern macht die Wurfscheibe schon lange dem Ball Konkurrenz.

Inzwischen sind es Millionen, die sich mit der Wurfscheibe trainieren, und längst hat sich daraus ein Leistungssport entwickelt: In der Bundesrepublik gibt es seit Ende der 70er Jahre deutsche Meisterschaften und in den USA sind es bereits mehr als 200.000 organisierte Spieler. Bei Wettbewerben und Meisterschaften wird in sechs Disziplinen um Titel und Ehren gekämpft: Weitwurf, Schwebewurf, Doppelfeldfrisbee, Werfen, Laufen-Fangen, Freistil und Golf.

Beim Doppelfeld-Frisbee beispielsweise versuchen die Mannschaften (je zwei Spieler) die Scheibe so ins gegnerische Feld zu schleudern, dass sie dort von keinem aufgefangen werden kann.

Frisbee-Golf besteht aus einem Feld mit neun oder achtzehn Zielkörben, die mit möglichst wenig Würfen erreicht werden müssen.

Im Frisbee-Disc-Freistil ist eigentlich alles erlaubt, solange die Scheibe sich dreht und schwebt. Um fit im Frisbee-Freistil zu werden, nehmen amerikanische Profis sogar Gymnastik- und Ballettunterricht.

Natürlich gibt es auch eine Weltmeisterschaft. In der kämpfen nicht nur Frauen und Männer, sondern auch Hunde. Sie spielen in einer Extraklasse: Die fliegenden Teller müssen meterhoch aus der Luft geschnappt und zum (menschlichen) Wurfpartner zurücktransportiert werden. Bei uns soll es Hunde geben, die sich auch ohne sportliche Ambitionen an diesem Freizeitspaß beteiligen.

Beispiel: Das Frisbeespiel kommt

A) aus Europa.

B) von einer Hundeschule.

~~C)~~ aus Amerika.

6 Die ersten Frisbeescheiben

A) waren Blechteller.
B) gebackene Apfelkuchen.
C) aus Plastik.

7 Frisbee

A) wird nur von Amateuren am Strand gespielt.
B) ist eine olympische Disziplin.
C) wird auch als Leistungssport betrieben.

8 Ein Geschäftsmann hatte die Idee,

A) den Studenten an der Yale Universität Blechteller zum Spielen zu verkaufen.
B) Frisbeescheiben aus Plastik anzufertigen und sie an Stränden zu verkaufen.
C) Frisbeescheiben für Hunde anzufertigen.

9 Das Frisbeespiel ist nicht leicht,

A) weil die Scheiben sehr schnell fliegen.
B) weil das Fangen der Scheiben schmerzhaft ist.
C) weil man sich sehr elegant bewegen muss.

10 Bei Meisterschaften gibt es die folgenden Disziplinen:

A) Ballett- und Gymnastikfrisbee.
B) Frisbee-Weitwurf.
C) Hochwerfen.

Leseverstehen 5 – Teil 3

Modelltest – Selektives Verstehen

ca. 15 Min.	→	**Bitte lesen Sie die zehn Situationen (11 – 20) und dann die zwölf Texte (A – M).**
12 Text	→	**Notieren Sie, welche Anzeige zu welcher Situation passt.**
25 Punkte		**Verwenden Sie jede Anzeige nur einmal.**
	→	**Wenn es keine passende Anzeige gibt, markieren Sie es so: [–].**

Beispiel:

Situationen:	Anzeige:
Sie möchten Ihre Wohnung streichen lassen.	–
Sie brauchen einen griechischen Rechtsanwalt.	K

	Situationen:	Anzeige:
11	Sie möchten sich über die alten Griechen und Römer informieren.	
12	Sie möchten Ihr Geld steuergünstig im Ausland anlegen.	
13	Eine Firma sucht eine Grafikerin, die mit allen wichtigen Computerprogrammen arbeiten kann.	
14	Sie möchten sich Ihre Zukunft voraussagen lassen.	
15	Sie sammeln alte Modelleisenbahnen.	
16	Sie möchten eine große Reise machen und brauchen Koffer und Kleidung dafür. Am liebsten würden Sie das alles schicken lassen.	
17	Sie brauchen Informationen über verschiedene Berufe.	
18	Sie möchten mit den Kindern Urlaub machen, wo man schön wandern kann und die Kinder auch mit Tieren umgehen können.	
19	Sie benötigen einen Rechtsanwalt in Hamburg.	
20	Sie haben ein paar Ölgemälde geerbt und wollen diese verkaufen.	

A

Heizöl
günstig
von
Bürgi AG
Winterthur + Zürich
052/7002522/7002523

B

URLAUB AM BAUERNHOF

Salzburger Land, ruhige Lage, Blick auf See, komf. Ferienwohnung, Balkon, viel Freiraum, Tiere, Grillabend, Rad- und Wanderweg, 2-6 Personen, € 40,- – € 65,-

Fam. Kauer, 5164 Seeham,

Tel./Fax 00 43 53 28 87 42

C

Junge Grafikerin

mit mehrjähr. Berufserfahrung (Zeitschriften, Wochenzeitung, Magazine u. Broschüren etc.) sucht wegen Umzug neuen Job. Versiert in QuarkXPress, Photoshop, Illustrator, Freehand u.a.m., kreativ, flexibel, einsatzfreudig und verantwortungsbewusst.

Zuschriften bitte unter ZA1556512

D

MODELLEISENBAHNEN,
altes Blechspielzeug, Panzer, Soldaten, Indianer, Autobahnen, kauft 1070 Wien, Webgasse 15
☎ 01/344 36 37. Sofortige Barzahlung

E

SCH reinerei neller ernnik

Meisterbetrieb
Möbel- und Innenausbau nach baubiologischen Gesichtspunkten

Reparaturdienst
für Fenster • Türen • Möbel

Nadlerstr. 22
Wien 14 01/64 53 90

F

Wie verkauft man Kunst?
01 336 2716
schafft Kontakte zu Kunstliebhabern und -sammlern. NZZ-Kleininserate lohnen sich.

G

Private Banking in Liechtenstein

www.volksbank.li

VOLKSBANK AG
IN Vaduz/Liechtenstein

H

Über 200 Seiten Informationen rund um Beruf und Ausbildung – übrigens auch im Internet

Jo B.
Das Job-Lexikon
Informationen für junge Leute

Internet: www.jo-b.net
BMA

I

Fit im Kopf durch die Antike

in Kursen / Vorträgen üb. Geschichte, Sprache u. Geisteskultur der Griechen und Römer, ab Mitte Januar 2000 i.d. Gerner Str. 24 bei

Mäander & Laurus 089/334412

K

Abraam Kostas
Rechtsanwalt
zugelassen am Landgericht und Oberlandesgericht Stuttgart

Firnhaberstr. 85
70182 Stuttgart
Tel.: 0711/743000 – 743009,
Telefax: 0711/743390,
Auto-Tel.: 0175/285112

L

Kartenlegen
Zukunftsprognose
Tel. 0293-86875 oder 095-6140022

M

Die Bahn ist besser, als Sie denken!
Die ganze Welt der Bahn: Nützliches rund um die Reise, Schönes für zu Hause. Exklusiv im BahnShop 1435 erhältlich.

BahnShop 1435
Das Original

Den neuen Katalog gibt´s unter Telefon: 051/44543-653, Telefax: 051/44543-655 oder Internet: www.bahnshop.de

Der neue Katalog. Jetzt anfordern.

Die Bahn kommt! **DB**

Sprachbausteine 5 – Teil 1

Modelltest – Korrekte Textergänzung

ca. 10 Min. → **Lesen Sie den folgenden Brief.**
1 Text **Welches Wort (A, B oder C) passt in die Lücken 1 bis 10?**
15 Punkte → **Kreuzen Sie an.**

Liebe Deutschlernerinnen, liebe Deutschlerner,

wenn sich Mitteleuropäer über Ferien und Urlaub unterhalten, dann ist meist auch **1** ___ Süden die Rede. Und tatsächlich trifft **2** ___ in der Ferienzeit in unseren Ländern ja auch sehr viele Mitteleuropäer. Wie man mir öfter gesagt hat, **3** ___ es nicht nur Sonne und Meer, die die Menschen „aus dem Norden" in den Süden ziehen. **4** ___ die andere Lebensart bei uns übt eine starke Faszination aus. **5** ___ gibt es auch zahlreiche Menschen, die eine Reise nach Skandinavien vorziehen; sie sind oft mit einem Wohnmobil unterwegs und wollen die Weite **6** ___ Nordens kennen lernen. Was mich überrascht: Es gibt immer **7** ___ Urlauber, die in die Südsee oder Karibik fliegen, um dort Abwechslung und Erholung vom Alltag zu suchen. Es handelt **8** ___ hierbei fast immer um organisierte Reisen. Eines will ich euch bei all **9** ___ aber auch noch mitteilen: Während immer mehr Menschen immer weiter wegfahren, müssen auch immer mehr Menschen in der Ferienzeit zu Hause bleiben, **10** ___ ihr Geld für einen Urlaub nicht mehr ausreicht.

Viele Grüße

Rita

1
A) beim
B) über
C) vom

2
A) er
B) man
C) sich

3
A) ist
B) sind
C) waren

4
A) Auch
B) Mehr
C) Für

5
A) allerdings
B) Deshalb
C) Nämlich

6
A) der
B) des
C) eines

7
A) die meisten
B) mehr
C) vielen

8
A) ihm
B) ihn
C) sich

9
A) das
B) dem
C) denen

10
A) denn
B) obwohl
C) weil

Sprachbausteine 5 – Teil 2

Modelltest – Korrekte Textergänzung

ca. 10 Min.
1 Text
15 Punkte

→ **Lesen Sie die folgende E-Mail. Welches Wort (a bis o) passt in welche Lücke (1 bis 10)? Beachten Sie: Ein Wort dürfen Sie nur einmal verwenden. Einige Wörter passen in keine Lücke.**

→ **Schreiben Sie dann die Lösungen in die Tabelle.**

Lieber Jörg,

heute nur ganz kurz ein Lebenszeichen von mir. Wie geht es dir? Schon lange hast du mir nicht mehr geschrieben. Wollen wir uns nicht bald einmal treffen? An den nächsten Wochenenden bin ich frei!

Viele Grüße

deine Monika

Liebe Monika,

du hast Recht – ich habe **0** *schon* lange **1** ______ mehr von mir hören lassen. Aber das hat einen einfachen Grund: Ich **2** ______ umgezogen. Meine alte Wohnung war mir mit der Zeit einfach **3** ______ klein. Und sie war auch ziemlich laut, weil vor einem Jahr die Straße unter **4** ______ Schlafzimmer ausgebaut wurde. So fuhren auch nachts viele Autos **5** ______, und da konnte ich einfach nicht mehr gut schlafen. **6** ______ habe ich eine größere Wohnung in einer ruhigen Gegend. Es ist eine Zwei-Zimmer-Wohnung im Dachgeschoss **7** ______ Dreifamilienhauses, das im Grünen liegt. Es gibt eine Einbauküche, und **8** ______ Balkon aus habe ich einen schönen Blick auf den nahen Park. Doch all das **9** ______ ich dir gerne persönlich zeigen. Besuch mich **10** ______ bald einmal! Wie wäre es in 14 Tagen am Wochenende?

Herzliche Grüße

dein Jörg

a) ABER
b) BIN
c) DA
d) DES
e) DOCH
f) EINES
g) JETZT
h) MEINEM
i) NICHT
j) NICHTS
k) VORBEI
l) VOM
m) WOLLEN
n) WÜRDE
o) ZU
p) ~~SCHON~~

0	1	2	3	4	5	6	7	8	9	10
p										

Hörverstehen 5 – Teil 1

Modelltest – Globalverstehen

10 Min.
5 Texte
25 Punkte

- Bitte lesen Sie zuerst die Aufgaben 1 bis 5. Dazu haben Sie 30 Sekunden Zeit.
- Hören Sie dann die fünf kurzen Texte e i n m a l.
- Lösen Sie beim Hören die fünf Aufgaben und kreuzen Sie an:
  Ist die Aussage richtig oder falsch?

33–38

		richtig	falsch
1	Sprecherin 1 hat kein Interesse an einem Beruf.		
2	Sprecher 2 möchte sehr bald heiraten.		
3	Sprecher 3 ist ein sehr engagierter Lehrer, der müde geworden ist.		
4	Sprecherin 4 will auf keinen Fall einen Beruf ausüben.		
5	Sprecher 5 möchte aus dem Hobby einen Beruf machen.		

Hörverstehen 5 – Teil 2

Modelltest – Detailverstehen

10 Min.	→ Bitte lesen Sie zuerst die Aufgaben 6 bis 15. Dazu haben Sie eine halbe Minute Zeit.
1 Text	
25 Punkte	→ Hören Sie dann das Gespräch z w e i m a l.
	→ Lösen Sie beim Hören oder danach die zehn Aufgaben und kreuzen Sie an: Ist die Aussage richtig oder falsch?

39

		richtig	falsch
6	In München werden 2.046 Taxis von Frauen gefahren.		
7	Helga fährt nur deshalb Taxi, weil sie keinen Beruf lernen will.		
8	Helga will ins Ausland gehen und dort in einer Kneipe arbeiten.		
9	Mit dem Taxifahren kann man schnell Geld verdienen.		
10	Helga hat am letzten Tag des Oktoberfestes mit dem Taxifahren begonnen.		
11	Ihr Chef hat sie nach dem Unfall entlassen.		
12	Helga hat von Donnerstag bis Sonntag insgesamt 200 Mark verdient.		
13	Sie ist im Durchschnitt jeden Tag zwölf Stunden ohne Pause gefahren.		
14	Sie ist nur nachts gefahren, weil sie da mehr Fahrten bekam.		
15	Helga ist nach der Arbeit immer in Nachtklubs gegangen.		

Hörverstehen 5 – Teil 3

Modelltest – Selektives Verstehen

10 Min. → **Bitte lesen Sie zuerst die Aufgaben 16 bis 20.**
5 Texte → **Hören Sie dann fünf kurze Texte z w e i m a l.**
25 Punkte → **Lösen Sie beim Hören oder danach die fünf Aufgaben und kreuzen Sie an: Ist die Aussage richtig oder falsch?**

40–44

Nr.	Aussage	richtig	falsch
16	Die Ankunfts- und Abfahrtszeiten kann man über das Telefon erfahren.		
17	Beim Autohaus Muster können Sie eine Probefahrt mit dem Opel Omega machen.		
18	Den Psychologen kann man über die Nummer 27 15 31 erreichen.		
19	Steffi Graf spielt am Samstag gegen Martina Hingis.		
20	Heiraten kommt für Axel nicht in Frage.		

Schriftlicher Ausdruck 5

Modelltest – einen persönlichen Brief schreiben

30 Min.
1 Brief
45 Punkte

→ **Sie haben eine ganz neue Schweizer Internetbekanntschaft. Um sich besser kennen zu lernen, haben Sie vereinbart, dass Sie in jeder E-Mail über ein bestimmtes Thema schreiben. In der letzten E-Mail, die Sie bekommen haben, hat sich Ihr neuer E-Mail-Partner/Ihre neue E-Mail-Partnerin über seine/ihre Hobbys geäußert.**

Liebe/r ...

...

Für diese Hobbys verwende ich übrigens fast meine gesamte Freizeit. Für das Singen muss ich jeden Tag mindestens eine Stunde üben und auch mit dem Briefmarkensammeln bin ich viel beschäftigt, weil ich immer wieder Tauschpartner treffe, die ich auch übers Internet kennen gelernt habe. Aber da habe ich auch viele Kontakte mit anderen Menschen und natürlich sprechen wir nicht nur über Briefmarken.
Und das Kochen – da muss man vorher ja auch einkaufen ... und danach das Gericht auch essen. Um ehrlich zu sein: Eigentlich ist ja gut Essen mein Hobby ...
So, jetzt weißt du wieder etwas Neues über mich. Aber nun bist du dran! Schreib mir doch auch über deine Hobbys und darüber, wie du deine Freizeit verbringst. Vielleicht entdecken wir ja gemeinsame Interessen. Das wäre toll!

Viele herzliche Grüße und bis zum nächsten Mal
dein(e) ...

→ **Schreiben Sie die Antwort-Mail und gehen Sie auf die folgenden Punkte ein:**

- **ob bei den Hobbys gemeinsame Aktivitäten mit Ihrer E-Mail-Bekanntschft möglich sind**
- **in welchen Punkten Sie Gemeinsamkeiten mit/Unterschiede zu den Hobbys/Interessen Ihrer Schweizer E-Mail-Bekanntschft sehen**
- **Ihre Hobbys**
- **was für Sie daran interessant ist.**

→ **Gehen Sie auf alle vier Punkte ein und bringen Sie die vier Punkte in eine sinnvolle Reihenfolge. Denken Sie an die Merkmale eines Briefes wie Datum, Anrede usw., auch an die Einleitung und den Schluss.**

Mündliche Prüfung 5 – Teil 1

Modelltest – Kontaktaufnahme

ca. 3 Min.
6 Fragen
30 Punkte

→ **Bitte führen Sie mit Ihrem Partner/Ihrer Partnerin ein kurzes Gespräch über folgende Themen:**

- **Name**
- **Familie**
- **warum sie/er Deutsch lernt**
- **was sie/er macht (Beruf, Schule, ...)**
- **was sie/er in der Freizeit macht**
- **ob sie/er schon in anderen Ländern war.**

Mündliche Prüfung 5 – Teil 2

Modelltest – Gespräch über ein Thema

für Partner A:

ca. 6 Min.
je 1 Text
30 Punkte

→ **Sie und Ihr Partner/Ihre Partnerin haben unterschiedliche Informationen zum Thema „Wie sich die Deutschen ihren Partner wünschen". Sehen Sie sich bitte Ihre Abbildung an.**

→ **Zuerst sollen Sie und Ihr Partner/Ihre Partnerin sich gegenseitig berichten, was Sie sich angesehen haben.**

→ **Führen Sie mit Ihrem Partner/Ihrer Partnerin ein kurzes Gespräch über das Thema. Was ist für Sie bei einem Mann/einer Frau wichtig? Zeigen die Zahlen ein bestimmtes Bild des Mannes und der Frau? Wie ist die Situation in Ihrer Heimat?**

Wie sich Frauen einen Mann wünschen. – Wie sich Männer eine Frau wünschen.

	Von je 100 Frauen nennen	Von je 100 Männern nennen
Treue	72	66
Klugheit	47	40
Fleiß	41	27
Tüchtigkeit im Beruf	32	12

Noch immer wünschen sich viele Frauen einen Mann, der fleißig und tüchtig im Beruf ist, während Männer dies meist nicht von einer Frau erwarten. Auch bei anderen Einstellungen – das zeigen Umfragen – haben Frauen und Männer trotz Emanzipation und Gleichberechtigung immer noch eher traditionelle Vorstellungen vom anderen Geschlecht. Interessant ist es bei der Treue: Wenn sie auch an erster Stelle genannt wird, so halten doch über ein Viertel der Menschen gegenseitige Treue für nicht so wichtig.

für Partner B:

ca. 6 Min.
je 1 Text
30 Punkte

- **Sie und Ihr Partner/Ihre Partnerin haben unterschiedliche Informationen zum Thema „Wie sich die Deutschen ihren Partner wünschen". Sehen Sie sich bitte Ihre Abbildung an.**
- **Zuerst sollen Sie und Ihr Partner/Ihre Partnerin sich gegenseitig berichten, was Sie sich angesehen haben.**
- **Führen Sie mit Ihrem Partner/Ihrer Partnerin ein kurzes Gespräch über das Thema. Was ist für Sie bei einem Mann/einer Frau wichtig? Zeigen die Zahlen ein bestimmtes Bild des Mannes und der Frau? Wie ist die Situation in Ihrer Heimat?**
- **Auch Ihr Partner/Ihre Partnerin wird Ihnen etwas über dieses Thema berichten. Stellen Sie Fragen dazu und reagieren Sie darauf.**

Wie sich Frauen einen Mann wünschen. – Wie sich Männer eine Frau wünschen.

	Von je 100 Frauen nennen	Von je 100 Männern nennen
Natürlichkeit	43	62
Gutes Aussehen	18	42
Sauberkeit	29	34
Sparsamkeit	23	34

„Ein Mann muss nicht schön sein." Diese oft gehörte Meinung bestätigt sich auch in Umfragen. Auch sonst zeigen Umfragen ein eher traditionelles Bild der Geschlechter: Frauen sollen vor allem gut aussehen und natürlich sein – Eigenschaften, die Frauen an Männern weniger wichtig finden. Bleibt also trotz Emanzipation und Gleichberechtigung alles beim Alten?

Mündliche Prüfung 5 – Teil 3

Modelltest – Gemeinsam eine Aufgabe lösen

ca. 6 Min.
je 1 Thema
30 Punkte

- **Am kommenden Wochenende soll schönes Wetter sein und da wollen Sie gemeinsam mit Ihrem Gesprächspartner/Ihrer Gesprächspartnerin einen Ausflug machen. Besprechen Sie Einzelheiten.**
- **Machen Sie sich Notizen.**
  - Wie lange?
  - Wohin?
  - Wie? (Auto, Fahrrad, Bus, ...)
  - Was kann man auf dem Ausflug unternehmen?
  - Wo kann man übernachten und essen?

Leseverstehen 6 – Teil 1

Modelltest – Globalverstehen

ca. 25 Min. → Bitte lesen Sie zuerst die fünf Texte (1 – 5).
5 Texte → Lesen Sie dann die zehn Überschriften (A – K).
25 Punkte → Notieren Sie, welche Überschrift zu welchem Text passt. Verwenden Sie dabei jeden Text, jede Überschrift nur einmal. Nur zum Beispieltext (Text 3) passt noch eine zweite Überschrift.

Beispiel: Armee ade! **Lösung:** Die Überschrift passt zu Text 3.

1

Der österreichische Tauerntunnel ist eines der wichtigsten Verbindungsstücke zwischen Nord- und Südeuropa (Italien, Slowenien, Kroatien). Der Tunnel ist Teil der 188 Kilometer langen Tauernautobahn, die Salzburg mit Villach in Kärnten verbindet. Er wird vermutlich mehrere Monate lang unpassierbar sein.

Empfehlung des ADAC
Der ADAC in München rät die Unglücksstelle weiträumig zu umfahren. Es bildeten sich bereits am Samstagmittag Staus von bis zu 60 Kilometern Länge. Folgende Routen sollen laut ADAC gewählt werden:

Italienurlauber sollten die Brenner-Autobahn oder die Felberntauern-Route benutzen.
In Richtung Kärnten, Kroatien und Slowenien kommen Autofahrer am besten über die Autobahn Salzburg bis zum Voralpenkreuz bei Wels durch.

2

Von je 100 Bundesbürgern haben am meisten Achtung vor folgenden Berufsgruppen

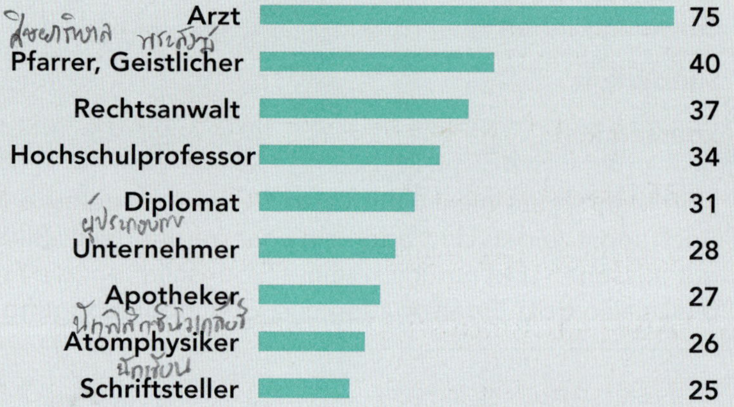

Als Arzt oder Ärztin genießt man in Deutschland das höchste Ansehen. Das geht aus einer Umfrage des Instituts für Demoskopie Allensbach hervor. Danach geben drei Viertel aller Bundesbürger an, vor dem Arztberuf am meisten Achtung zu haben. Weit hinter den Ärzten folgen auf Platz zwei die Pfarrer und Geistlichen mit 40 Prozent.

3

Höchststand von 3.000 Anfragen 1999
(sda) Mehr als 3.000 Anfragen hat die Beratungsstelle für Militärverweigerung und Zivildienst in Zürich 1999 bearbeitet. Das ist ein Rekord an Anfragen für die Beratungsstelle, die sich neuerdings „Armee Ade" nennt. Seit der Einführung des Zivildienstes im Oktober 1996 stieg die Anzahl der Anfragen laufend an. Bei rund der Hälfte der Beratungen ging es um Fragen des Zivildienstes. Die andere Hälfte betrifft Fragen rund um die Ausmusterung. Der Leiter der Beratungsstelle vermutet, dass sich die Zahl der Anfragen in den nächsten zwei Jahren auf dem Stand von 1999 einpendeln wird.

4

Das ist nicht ganz richtig. Es stimmt, dass kürzeres Haar schneller wächst. Eine Studie ergab folgendes Ergebnis: Langes Kopfhaar (ca. 30 cm) wächst ungefähr einen bis zwei Zentimeter pro Monat. Bei kurzem Kopfhaar sind es dagegen rund drei Zentimeter im Monat. Aber es gibt noch andere Faktoren, die das Haarwachstum beeinflussen, z.B. die Hautpartie, das Alter und das Geschlecht. Auf dem Kopf von 18- bis 25-jährigen Frauen wächst das Haar am schnellsten.
Die Zahl der Haare verändert sich durch das Schneiden übrigens nicht. Wie viele Haare ein Mensch auf dem Kopf hat, das bestimmen seine Gene.

5

Wer mit dem Rauchen aufhören will, sollte auch auf Kaffee verzichten. Durch den Nikotinentzug wird das Koffein langsamer abgebaut: Nervosität und Unruhe steigen. Auch die Kombination von Nikotin und Kaffee ist nicht ohne: Schon der Anblick und der Geruch von einer Tasse Kaffee können die Lust auf eine Zigarette wecken.

A ***Fragen zum Zivildienst***

B ***Wer verdient in Deutschland am meisten?***

C ***Militärdienst in der Schweiz***

D ***Langhaarige bleiben draußen***

E ***Alternativrouten für Autofahrer***

F ***Häufiges Haareschneiden fördert den Haarwuchs***

G ***Kaffee macht süchtig***

H ***Italienurlauber durch den Tauerntunnel***

I ***Nichtraucher ohne Kaffee***

K ***So hoch ist das Prestige***

Lösungen:

1. Zu Text **1** passt Überschrift ☐.
2. Zu Text **2** passt Überschrift ☐.
3. Zu Text **3** passt Überschrift ☐.
4. Zu Text **4** passt Überschrift ☐.
5. Zu Text **5** passt Überschrift ☐.

Leseverstehen 6 – Teil 2

Modelltest – Detailverstehen

ca. 30 Min.
1 Text
25 Punkte

→ Lesen Sie zuerst den Text.
→ Lösen Sie dann die Aufgaben. Was steht im Text? Kreuzen Sie die richtige Antwort (A, B, C) an. Die Reihenfolge der Aufgaben ist nicht immer identisch mit der Reihenfolge im Text.

Vollbärte bleiben draußen

Hygiene oberstes Gebot bei McDonald's

Wo immer man eines der Fast Food-Lokale von McDonald's betritt, fällt eines auf: Sie sind immer voll. Vor allem aber findet man dort junge Leute. Woran liegt das?
Ob in Italien, an den Pariser Hallen oder hier in Basel, man weiß, was man bekommt, und fühlt sich überall gleich zu Hause, weil sie alle gleich sind. Das allein aber erklärt noch nicht allein den Erfolg dieser Kette in der ganzen Welt.
Wir haben uns in mehreren Lokalen umgesehen. Vor allem ist es die Hygiene, die bei McDonald's großgeschrieben wird. In allen Lokalen werden die Toiletten alle 15 Minuten überprüft und gereinigt. Doch auch in der Küche sieht es sauber aus. Jeder Mitarbeiter braucht ein Gesundheitszeugnis und Vollbärte sind in der Küche verboten. Wer seine Arbeit antritt, muss zuerst die Hände gründlich waschen, auch nach einer kurzen Arbeitspause.
Um sich vor fettigem Dampf und Rauch zu schützen, trägt jeder Mitarbeiter Schürze und Kopfbedeckung als Schutz vor heißem Dampf, Rauch und Fett. Wer in der Küche tätig ist, darf aus hygienischen Gründen auch nie kassieren. Den Mitarbeitern ist es strengstens verboten, Alkohol oder andere Rauschmittel zu sich zu nehmen. Deshalb findet man auch in keinem McDonald's-Restaurant einen Zigarettenautomaten.
Nicht nur das Erscheinungsbild der Lokale ist auf der ganzen Welt dasselbe. Auch werden die Speisen und vor allem der berühmte Burger überall nach dem gleichen Verfahren hergestellt. Dabei werden nur kontrollierte und frisch verarbeitete Lebensmittel verwendet und alle Gerichte werden per Hand zubereitet.
Auch das Angebot, das manchmal täglich wechselt, ist in jedem McDonald's in der Schweiz gleich, ebenso die Getränke, die exklusiv von einer amerikanischen Getränkefirma stammen. Die Zutaten werden mehrmals in der Woche geliefert, damit sie immer frisch sind. Fleisch- und Getränkeprodukte kommen zweimal pro Woche und Salate alle zwei Tage.
Ebenso präzise wie die Speisen hergestellt werden, findet auch die Entsorgung der Abfälle statt. McDonald's investiert sehr viel Geld, um Abfälle, die leider unvermeidbar sind, zu reduzieren. Die wieder verwertbaren Stoffe werden getrennt nach Papier, Kunststoff, organischen Abfällen und Altfett entsorgt. Dabei werden über 90 Prozent der Abfälle der Wiederverwertung zugeführt. Aus Altfett werden in der Kosmetikindustrie Salben und Cremes gemacht und organische Abfälle werden an Schweine verfüttert. In manchen McDonald's gibt es sogar Mitarbeiter, die mit dem Fahrrad die nähere Umgebung nach Müll absuchen, den die Besucher der Lokale weggeworfen haben.

Beispiel: In allen McDonald's-Lokalen

A) gibt es Zigarettenautomaten.

B) muss man sich vor dem Essen die Hände waschen.

C) fühlt man sich gleich zu Hause.

6 Vor allem junge Leute sieht man in allen Lokalen von McDonald's

A) weil sie immer voll sind.
B) weil es nicht nur in Basel solche Lokale gibt.
C) weil alle gleich sind und jeder immer weiß, was er bekommt.

7 Um die Sauberkeit zu garantieren,

A) muss jeder neue Mitarbeiter ein Gesundheitszertifikat vorlegen.
B) dürfen Gäste mit Bart das Lokal nicht betreten.
C) sollten die Gäste Kopfbedeckung und Schürzen tragen.

8 Die Mitarbeiter, die in der Küche arbeiten,

A) müssen alle 15 Minuten die Toiletten reinigen.
B) dürfen im Lokal nicht kassieren.
C) richten alle zwei Tage die Salate mit der Hand an.

9 Alle McDonald's-Lokale haben Folgendes gemeinsam:

A) Die Speisen werden überall auf gleiche Weise und in gleicher Qualität hergestellt.
B) In allen Lokalen herrscht Rauch- und Alkoholverbot.
C) Ein Mitarbeiter sucht mit dem Fahrrad nach Müll von den Gästen.

10 McDonald's investiert sehr viel Geld

A) in die Mitarbeiter, damit die sich vor Rauch und Dampf schützen können.
B) in die Kosmetikindustrie, um Salben und Cremes herzustellen.
C) ,um möglichst wenig Abfälle zu produzieren.

Leseverstehen 6 – Teil 3

Modelltest – Selektives Verstehen

ca. 15 Min.
12 Texte
25 Punkte

→ Bitte lesen Sie die zehn Situationen (11 – 20) und dann die zwölf Texte (A – M).
→ Notieren Sie, welche Anzeige zu welcher Situation passt.
Verwenden Sie jede Anzeige nur einmal.
→ Wenn es keine passende Anzeige gibt, markieren Sie es so: [–].

Beispiel:

Situationen:	Anzeige:
Sie möchten Ihre Wohnung streichen lassen.	–
Sie suchen eine gemütliche Pension im Schwarzwald.	E

	Situationen:	Anzeige:
11	In welches Kino können Sie mit Ihrem behinderten Freund gehen?	
12	Sie möchten sich bei einer Firma bewerben und wissen nicht wie.	
13	Ihre Schwester sucht eine Stelle als Babysitter für die Semesterferien ab Feburar.	
14	Sie möchten Geld spenden für ein gutes Werk.	
15	Sie wollen selber verschiedene Lebensmittel herstellen.	
16	Wo gibt es am Wochenende einen Flohmarkt, auf dem Sie Ihre alten Kleider verkaufen können?	
17	Sie suchen nach einem Kurs, um besser vor Publikum sprechen zu lernen.	
18	Sie kennen viele gute Witze und möchten an einem Wettbewerb teilnehmen.	
19	Sie müssen das Rauchen aufgeben.	
20	Sie möchten für Ihr Wochenendhaus eine Heizung einrichten.	

A

Kein Geld? Keine Arbeit?

Dann lesen Sie weiter:
Guter Verdienst,
bequem von zu Hause,
haupt- oder nebenberuflich
(keine Kosmetik, Versicherung o.Ä.).
Interesse?
Dann senden Sie uns 3,- € in Briefmarken
und wir senden Ihnen Informationsmaterial
über Ihre Tätigkeit zu.
Firma Hover
Postfach 3306
16866 Schrepkow

B

NICHT MEHR RAUCHEN

Sie müssen wollen. Den Rest schaffen wir gemeinsam.

Neuer Entwöhnungskurs
ab 11. Januar 2000
9 Trainings zu 2 Std
19.00-21.00 Uhr
Fr. 300 (Fr 200 retour
bei lückenlosem Besuch!)
Anmeldung, Information:
nicht mehr rauchen
Arbeitsgemeinschaft Krebsliga und
Lungenliga des Kantons Zürich
Klosbachstrasse 2, 8032 Zürich
Info-Band: 01/383 20 70
www.krebsliga-zurich.ch/
nicht mehr rauchen

C

Für jeden gedruckten Leserwitz gibt es 25-Euro. Jeweils am Monatsende sucht dann eine BamS-Jury den „besten" heraus, der nochmals veröffentlicht und mit 500 Euro honoriert wird. Hier die Adresse:

BILD am SONNTAG
Stichwort „Leserwitze"
Brieffach 9938
20350 Hamburg

D

Vernünftig heizen

Leisten Sie sich das Original:
Die Grundöfen von san✸cal
sind preisgekrönt und bieten
echtes Kachelofenklima
san✸cal
Der san✸cal Ofen: reine Wärme,
richtige Größe, reeller Preis –
immer mit Steinbackfach
Info-Freiruf: 0800 – 505 1505
san✸cal Heiztechnik Murnau

E

Schwarzwald pur ...
und mittendrin unser romantisches über 300 Jahre altes Schwarzwaldhaus.
Wander-, Skilanglauf direkt ab Haustüre, gemütl. Abende am Kachelofen. Fe-Appart. mit Frühstück und Halbpension. Tierfreundlich. Bahnstation. Sowie FEWO 2-6 Pers.
Tel. 0 77 11/82 90 91
Fax 0 77 11/82 90 36

G

HWK
Handwerkskammer für München und Oberbayern

Rhetorik

Kursinhalt: - Rhetorische Techniken
- Kommunikation
- Medieneinsatz
- Videoanalyse

Termin: **22.1. – 19.2.2000**
Sa 9.00 – 13.00 Uhr

Dauer: **25 Unterrichtsstunden**

Weitere Informationen erhalten Sie unter:
Telefon 089/4122-333, Fax: 089/4122-336

Zertifiziert nach DIN EN ISO 9001

Berufsbildungs- und Technologiezentrum
Max-Josef-Str. 4, 80333 München

F

KREATIVKURSE FÜR GENIESSER
Bier brauen, Wurst, Wein, Schnaps, Käse, Kosmetik selbst gemacht, Imkerei, Makrobiotik, Reiten, Radiästhesie.

Tel./Fax 0 44 86 30

H

fitnessprogramm für ihre bewerbung

Sie wollen mitspielen, und zwar so schnell wie möglich.

Unser Coaching hilft Ihnen, ohne Spielpausen im richtigen Team das Spiel mitzugestalten. Wir beraten und betreuen Sie während Ihrer gesamten Bewerbungsrunde und sorgen für eine hohe Trefferquote. Rufen Sie uns an, wenn Sie mehr über Ihren Trainingsplan wissen möchten.

abc personal&marketing
artilleriestraße 15
80636 münchen
tel. 089/24 26 42 44

I

Behindertengerechte Kinos in München

● = voll zugänglich	❍ = eingeschr. zugängl.
ABC-Kino – Cincinatti – Cinema – Die Lupe – Filmeck in Gräfelfing – Filmmuseum – Forum der Technik – Gloria Palast – Karlstor – Münchner Freiheit – Maxim – MaxX – Museum-Lichtspiele – Neues Arena – Rio-Filmpalast	Atelier – City 1-3 – Leopold 1-3 – Marmorhaus – Neues Rottmann – Odyssee – Sendlinger Tor – Studio Isabella – Tivoli-Theater – Türkendolch

K

Wir suchen **kinderliebe Frau** für fünfjährigen Jungen von Ende Januar bis Anfang April, alles Weitere nach Vereinbarung.
Tel: 7753922

L

Jeden Samstag
von 8.00 – 16.00 Uhr
findet auf der
Trabrennbahn Simmering
ein ***Flohmarkt*** statt.
Achtung! Es steht eine beheizte Halle zur Verfügung.
Info: ☎ 085 45/35 71

M

Wir unterstützen die Forschung für Ihr herzkrankes Kind.

Hilfe und Rat für herzkranke Kinder und ihre Eltern

Kinderherzstiftung
Vogtstraße 50
60322 Frankfurt am Main
Spendenkonto:
BLZ 500 800 00,
Konto 90003503

Sprachbausteine 6 – Teil 1

Modelltest – Korrekte Textergänzung

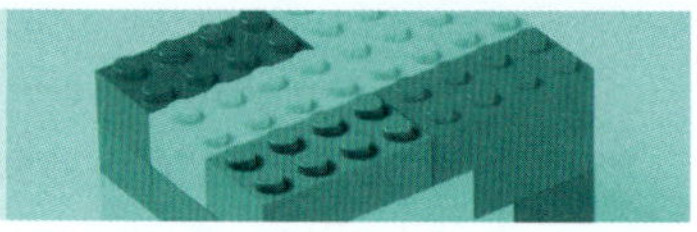

ca. 10 Min. → **Lesen Sie den folgenden Brief.**
1 Text **Welches Wort (A, B oder C) passt in die Lücken 1 bis 10?**
15 Punkte → **Kreuzen Sie an.**

Liebe Deutschlernerinnen, liebe Deutschlerner,

habt ihr auf der Erde schon alles gesehen, **1** ___ euch interessiert? Dann könnt ihr euch darauf vorbereiten, einen eurer **2** ___ Urlaube im Universum zu verbringen. Wie ich in der Zeitung gelesen habe, werden **3** ___ Jahr 2005 die ersten Urlaubsreisen ins Universum stattfinden. Allerdings wird es nicht ganz billig, **4** ___ man die gute alte Mutter Erde von oben erleben möchte: Ungefähr 100.000 Dollar soll der Flug in den Weltraum **5** ___. Und auch sonst **6** ___ dieser Ferientrip ein neues Urlaubserlebnis vermitteln. Kein komfortables Hotelzimmer wartet **7** ___ euch, sondern eine enge Kabine. Man muss im Stehen schlafen und Spezialschuhe tragen, mit **8** ___ man am Boden haften bleibt. Und vor Reisebeginn müsst ihr **9** ___ noch ein spezielles Weltraumtraining durchführen. Allerdings darf nicht jeder Interessent teilnehmen: Voraussetzung ist neben **10** ___ gut gefüllten Brieftasche eine stabile körperliche und psychische Gesundheit. Also dann: Gute Reise!

Viele Grüße

Rita

1
A) die
B) für was
C) was

2
A) nächste
B) nächsten
C) nächster

3
A) bis
B) bis zum
C) vor

4
A) ob
B) seit
C) wenn

5
A) gekostet
B) kosten
C) kostet

6
A) darf
B) muss
C) wird

7
A) auf
B) für
C) zu

8
A) den
B) denen
C) diesen

9
A) auch
B) besonders
C) nur

10
A) einen
B) einer
C) eins

Sprachbausteine 6 – Teil 2

Modelltest – Korrekte Textergänzung

ca. 10 Min.
1 Text
15 Punkte

→ **Lesen Sie den folgenden Brief. Welches Wort (a bis o) passt in welche Lücke (1 bis 10)? Beachten Sie: Ein Wort dürfen Sie nur einmal verwenden. Einige Wörter passen in keine Lücke.**

→ **Schreiben Sie dann die Lösungen in die Tabelle.**

VALS ...

... ein idealer Ferienort in den Schweizer Alpen.
Schnee und Winterspaß garantiert –
Ruhe und kein Touristenrummel.

Nähere Informationen:
Verkehrsverein, CH-7132 Vals

5. Januar 2000

Sehr geehrte Damen und Herren,

ich **0** *möchte* im Februar mit meiner Frau und meinen zwei Kindern im Alter **1** ______ fünf und acht Jahren eine Woche Winterurlaub machen. Wir suchen eine ruhige Unterkunft, **2** ______ am Ortsrand gelegen. Günstig wären zwei Zimmer mit Frühstück **3** ______ Halbpension. Gibt es für Kinder günstige Angebote oder müssen sie für ein Zimmer **4** ______ Preis bezahlen wie Erwachsene? Die Pension sollte einen Aufenthaltsraum haben, sodass man **5** ______ auch ein kaltes Essen zu sich nehmen kann.
Welche Freizeitmöglichkeiten **6** ______ es bei Ihnen in der Umgebung? Bieten Sie **7** ______ Freizeitprogramme für Kinder an, zum Beispiel Skikurse? Und was kostet **8** ______? Wie weit sind die Skigebiete entfernt und **9** ______ kann man sie erreichen?
Bitte schicken Sie mir Adressen **10** ______ Preise von Pensionen zu. Besten Dank!

Mit freundlichen Grüßen *August Beck*

a) AM BESTEN
b) AUCH
c) DAS
d) DENSELBEN
e) DORT
f) GEBEN
g) GIBT
h) GLEICHEN
i) JEDES
j) LIEBER
k) ODER
l) UND
m) VON
n) WIE
o) WOHIN
p) ~~MÖCHTE~~

0	1	2	3	4	5	6	7	8	9	10
p										

Hörverstehen 6 – Teil 1

Modelltest – Globalverstehen

10 Min.
5 Texte
25 Punkte

→ **Bitte lesen Sie zuerst die Aufgaben 1 bis 5. Dazu haben Sie 30 Sekunden Zeit.**

→ **Hören Sie dann die fünf kurzen Texte e i n m a l.**

→ **Lösen Sie beim Hören die fünf Aufgaben und kreuzen Sie an: Ist die Aussage richtig oder falsch?**

45–50

		richtig	falsch
1	Sprecherin 1 möchte in einem großen Haus auf dem Land wohnen.		
2	Sprecher 2 wünscht sich eine große Altbauwohnung in der Stadt.		
3	Sprecher 3 sucht ein Haus auf dem Land.		
4	Ein kleines Luxusschloss wünscht sich Sprecher 4.		
5	Nur ein Zimmer in einer Wohngemeinschaft (WG) sucht Sprecherin 5.		

Hörverstehen 6 – Teil 2

Modelltest – Detailverstehen

10 Min.
1 Text
25 Punkte

→ **Bitte lesen Sie zuerst die Aufgaben 6 bis 15. Dazu haben Sie eine halbe Minute Zeit.**

→ **Hören Sie dann das Gespräch z w e i m a l.**

→ **Lösen Sie beim Hören oder danach die zehn Aufgaben und kreuzen Sie an: Ist die Aussage richtig oder falsch?**

51

		richtig	falsch
6	Die Mutter hat im Reisebüro einen Prospekt besorgt.		
7	Der Vater möchte nicht den ganzen Urlaub an einem Strand verbringen.		
8	Die Familie war im Jahr zuvor an einem Strand in Griechenland.		
9	Dem Sohn hat der Griechenland-Urlaub sehr gefallen.		
10	Der Vater schlägt vor eine große Deutschlandreise zu machen.		
11	Die Mutter möchte auch im Urlaub fernsehen.		
12	Der Vater ist dagegen, dass Martin mit seinen Freunden nach Portugal fährt.		
13	Die Mutter meint, sie sollten wegen Martin nicht so viel Angst haben.		
14	Die Mutter möchte jetzt auch nach Portugal reisen.		
15	Martin darf schließlich nach Portugal, aber nur mit seinen Eltern.		

Hörverstehen 6 – Teil 3

Modelltest – Selektives Verstehen

10 Min.
5 Texte
25 Punkte

→ Bitte lesen Sie zuerst die Aufgaben 16 bis 20.
→ Hören Sie dann fünf kurze Texte z w e i m a l.
→ Lösen Sie beim Hören oder danach die fünf Aufgaben und kreuzen Sie an: Ist die Aussage richtig oder falsch?

52–56

		richtig	falsch
16	Temperaturen zwischen 12 und 17 Grad werden an diesem Tag erwartet.		
17	Nur mit den hinteren Wagen der S-Bahn kommt man zum Flughafen.		
18	Der Wolf kam aus Italien.		
19	Erstmals sprechen die Partnerstädte über ihre Verkehrsprobleme.		
20	Der Eingang zum Haus Parkstraße 29 ist neben dem Café Bavaria.		

Schriftlicher Ausdruck 6

Modelltest – einen persönlichen Brief schreiben

30 Min.
1 Brief
45 Punkte

→ **Sie haben in der Schweiz einen guten Freund, den Sie schon lange kennen und mit dem Sie sich sehr gut verstehen. Eines Tages bekommen Sie den folgenden Brief von ihm.**

Liebe/r ...

Entschuldige, dass ich dir so lange nicht geschrieben habe, aber es geht mir seit einiger Zeit nicht besonders gut. Ich weiß auch nicht genau, was los ist. Die Schule macht mir keinen Spaß mehr und zu Hause halte ich es kaum noch aus. Oft habe ich Krach mit meinen Eltern. Am liebsten würde ich die Schule verlassen, irgendwo einen Job annehmen und mir ein eigenes Zimmer suchen. Auch mit meiner Freundin verstehe ich mich nicht mehr so gut. Hast du auch schon so etwas gehabt? Was meinst du: Was soll ich machen?

Lass von dir hören!
Alois

→ **Schreiben Sie den Antwortbrief. Gehen Sie auf die folgenden Punkte ein:**

- **was Sie ihm allgemein raten**
- **was Sie von der Idee Ihres Freundes halten zu Hause auszuziehen**
- **was Sie von der Idee Ihres Freundes halten sich eine Arbeit zu suchen**
- **ob Sie selbst schon einmal in so einer Situation waren.**

→ **Gehen Sie auf alle vier Punkte ein und bringen Sie die Punkte in eine sinnvolle Reihenfolge. Denken Sie an die Merkmale eines Briefes wie Datum, Anrede usw., auch an die Einleitung und den Schluss.**

Mündliche Prüfung 6 – Teil 1

Modelltest – Kontaktaufnahme

ca. 3 Min.
6 Fragen
15 Punkte

→ Bitte führen Sie mit Ihrem Partner/Ihrer Partnerin ein kurzes Gespräch über folgende Themen:

- Name
- woher sie/er kommt
- ob sie/er mit ihren/seinen bisherigen Deutschkursen zufrieden ist
- ihr/sein Interesse an Sport
- ob sie/er gerne reist und wohin
- ihre/seine Erfahrungen mit dem Internet.

Mündliche Prüfung 6 – Teil 2

Modelltest – Gespräch über ein Thema

für Partner A:

ca. 6 Min.
je 1 Text
30 Punkte

→ Sie und Ihr Partner/Ihre Partnerin haben unterschiedliche Informationen zum Thema „Wie junge Erwachsene leben". Sehen Sie sich bitte die Abbildung an.

→ Zuerst sollen Sie und Ihr Partner/Ihre Partnerin sich gegenseitig berichten, was Sie sich angesehen haben.

→ Führen Sie mit Ihrem Partner/Ihrer Partnerin ein kurzes Gespräch über das Thema. Wie wohnen Sie? Wohnen Sie so, wie Sie gerne möchten? Warum?

→ Auch Ihr Partner/Ihre Partnerin wird Ihnen etwas über dieses Thema berichten. Stellen Sie Fragen dazu und reagieren Sie darauf.

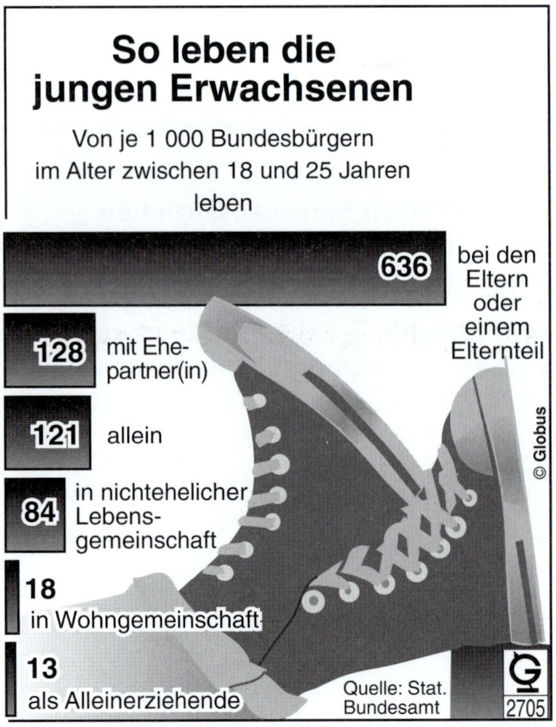

Wie junge Erwachsene im Alter zwischen 18 und 25 in Deutschland leben:

Auch wenn junge Erwachsene heuteberuflich und in der Freizeit ihr eigenes Leben führen: Ihre Beine strecken sie noch gern unter den elterlichen Tisch. Sind die jungen Menschen doch häuslicher als angenommen? Oder ist es bei Mama zu Hause nur bequemer?

für Partner B:

ca. 6 Min.
je 1 Text
30 Punkte

- ➔ **Sie und Ihr Partner/Ihre Partnerin haben unterschiedliche Informationen zum Thema „Wie junge Erwachsene leben". Sehen Sie sich bitte die Abbildung an.**
- ➔ **Zuerst sollen Sie und Ihr Partner/Ihre Partnerin sich gegenseitig berichten, was Sie sich angesehen haben.**
- ➔ **Führen Sie mit Ihrem Partner/Ihrer Partnerin ein kurzes Gespräch über das Thema. Wie wohnen Sie? Wohnen Sie so, wie Sie gerne möchten? Warum?**
- ➔ **Auch Ihr Partner/Ihre Partnerin wird Ihnen etwas über dieses Thema berichten. Stellen Sie Fragen dazu und reagieren Sie darauf.**

So wohnen Studenten in Deutschland

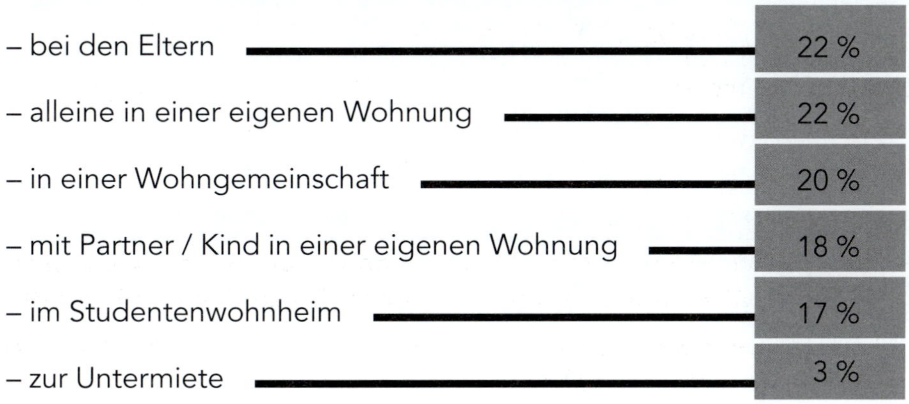

Studenten wohnen im Studentenwohnheim oder zur Untermiete. Das mag früher einmal richtig gewesen sein – heute sieht es ganz anders aus. Viele leben in einer Wohngemeinschaft oder bereits in einer eigenen Wohnung. Etwa jeder fünfte Studierende hat sich die billigste Wohnform ausgesucht: Er ist bei den Eltern geblieben.

Mündliche Prüfung 6 – Teil 3

Modelltest – Gemeinsam eine Aufgabe lösen

ca. 6 Min.
je 1 Thema
30 Punkte

- ➔ **Sie wollen sich gemeinsam mit Ihrem Gesprächspartner / Ihrer Gesprächspartnerin auf eine Deutschprüfung vorbereiten. Besprechen Sie, wie Sie das machen wollen.**
- ➔ **Machen Sie sich Notizen.**
  - Was wollen Sie vor allem wiederholen?
  - Mit welchen Materialien wollen Sie arbeiten?
  - Wie oft wollen Sie lernen?
  - Wann wollen Sie lernen?
  - Wo wollen Sie lernen?

Mündliche Prüfung – Modelltest 5

Ein Prüfungsbeispiel

57 Modelltest 5 dieses Buches wurde als Paarprüfung mit einer schwedischen und einer ungarischen Kandidatin durchgeführt. Sie können die Prüfung auf der CD zum Testbuch anhören und/oder in den Transkriptionen der Hörtexte nachlesen.

So wurde Kandidatin A aus Schweden bewertet:

Teil 1:		
Kriterium	**Punkte**	**Begründung**
Ausdrucksfähigkeit:	4 von 4	Sie hat mit den richtigen Worten ausgedrückt, was sie sagen wollte.
Aufgabenbewältigung:	4 von 4	Sie hat die Aufgabe gut gelöst.
Formale Richtigkeit:	4 von 4	Sie hat kleine Fehler gemacht, die das Verständnis nicht behindert haben.
Aussprache/Intonation:	3 von 3	Sie war gut zu verstehen.
	15	
Teil 2:		
Ausdrucksfähigkeit:	8 von 8	Sie hat zwar kleine Fehler gemacht, aber im Wortschatz gut variiert: zum Beispiel hat sie gut Redemittel zu „eine Meinung sagen" verwendet.
Aufgabenbewältigung:	6 von 8	Die Diskussion über die einzelnen Punkte war zu kurz, zum Beispiel der Vergleich mit dem Heimatland.
Formale Richtigkeit:	6 von 8	Sie hat öfters Fehler vor allem bei der Wortstellung (Verbposition) gemacht.
Aussprache/Intonation:	6 von 6	Sie hat gut verständlich gesprochen.
	26	
Teil 3:		
Ausdrucksfähigkeit:	6 von 8	Sie hat immer wieder die gleichen Worte und Satzstrukturen gewählt und oft zu kurz, nämlich mit „ja/nein" geantwortet, anstatt Gegenvorschläge zu machen.
Aufgabenbewältigung:	8 von 8	Sie hat die Aufgabe gut gelöst.
Formale Richtigkeit:	6 von 8	Sie war unsicher besonders in der Wortstellung, auch in der Verwendung der Präpositionen „von ... bis".
Aussprache/Intonation:	6 von 6	Sie hat gut verständlich gesprochen.
	26	
	67	Note: gut (+)

So wurde Kandidatin B aus Ungarn bewertet:

Teil 1:		
Ausdrucksfähigkeit:	4 von 4	Kleine Fehler hat sie selbst korrigiert (zum Beispiel; „bist heiratet" statt „bist du verheiratet")
Aufgabenbewältigung:	4 von 4	Die Aufgabe hat sie gut gelöst.
Formale Richtigkeit:	3 von 4	Sie hat Fehler gemacht (Vokabeln, Wortstellung), die aber nicht das Verständnis behindert haben.
Aussprache/Intonation:	2 von 3	Es gab manchmal Verständnisprobleme wegen falscher Betonung.
	13	
Teil 2:		
Ausdrucksfähigkeit:	6 von 8	Sie hat eine sehr einfache Sprache benutzt und größere Fehler bei der Verwendung von Redemitteln zu „eine Meinung sagen" gemacht.
Aufgabenbewältigung:	2 von 8	Sie hat nicht ihre Statistik vorgestellt und sie nicht mit der Statistik von Kandidatin A verglichen, sondern direkt ihre Meinung gesagt. Bei beiden Kandidatinnen fehlte der Vergleich mit dem Heimatland.
Formale Richtigkeit:	6 von 8	Trotz einiger Fehler wurde die Kommunikation nicht gestört.
Aussprache/Intonation:	4 von 6	ZumTeil gab es Verständnisprobleme wegen falscher Intonation.
	18	
Teil 3:		
Ausdrucksfähigkeit:	6 von 8	Sie hat immer wieder die gleichen Worte und Strukturen gewählt und oft zu kurz, mit „ja/nein", geantwortet, anstatt Gegenvorschläge zu machen.
Aufgabenbewältigung:	8 von 8	Sie hat die Aufgabe gut gelöst.
Formale Richtigkeit:	6 von 8	Trotz einiger Fehler (Satzstellung) wurde die Kommunikation nicht gestört.
Aussprache/Intonation:	4 von 6	ZumTeil gab es Verständnisprobleme wegen falscher Intonation.
	24	
	55	Note: befriedigend

Lösungen zum Testbuch

Lösungen – Kurztest 1

Leseverstehen 1

Teil 1: 1 C, 2 B, 3 F
Teil 2: 4 C, 5 A, 6 C
Teil 3: 7 D, 8 C, 9 –, 10 E, 11 F, 12 A

Sprachbausteine 1

Teil 1: 1a, 2c, 3c, 4b, 5a, 6b
Teil 2: 1g, 2a, 3i, 4c, 5d, 6j

Hörverstehen 1

Teil 1: 1r, 2f, 3f
Teil 2: 4r, 5r, 6f, 7f, 8r, 9f
Teil 3: 10f, 11r, 12f

Schriftlicher Ausdruck 1

(Ort, Datum)

Liebe Familie Berger,

vielen Dank für Ihren Brief, über den ich mich sehr gefreut habe.
Leider konnte ich Ihnen nicht früher schreiben. Ich musste für drei Wochen zu meiner Großmutter fahren, die krank war. Da sie alleine wohnt, hatte sie niemanden, der sie versorgt. Jetzt ist sie wieder gesund und braucht mich nicht mehr.
Inzwischen ist auch bei mir der Alltag wieder eingezogen. Ich lerne für die Abschlussprüfung und bin gleichzeitig auf der Suche nach einer Stelle. Ich habe Ihnen ja erzählt, dass Sprachtherapeuten bei uns sehr gesucht sind, und meist findet man schon vor dem Examen eine Klinik, die Interesse hat. So kann man nach der Prüfung gleich zu arbeiten anfangen.
Für mein Deutsch kann ich zurzeit natürlich nicht viel tun. Aber wenn ich im Herbst mit der Ausbildung fertig bin, werde ich bestimmt wieder einen Deutschkurs belegen. Ich möchte auf alle Fälle weiter Deutsch lernen.
Das für heute. Ich möchte mich noch einmal ganz herzlich für Ihre Gastfreundschaft und Hilfe bedanken. Sie hören von mir.

Viele Grüße

Ihr(e) UNTERSCHRIFT

Lösungen – Kurztest 2

Leseverstehen 2

Teil 1: 1 B, 2 F, 3 C
Teil 2: 4 B, 5 A, 6 B
Teil 3: 7 F, 8 B, 9 –, 10 G, 11 E, 12 D

Sprachbausteine 2

Teil 1: 1b, 2c, 3a, 4a, 5b, 6b
Teil 2: 1e, 2h, 3g, 4a, 5i, 6f

Hörverstehen 2

Teil 1: 1r, 2f, 3f
Teil 2: 4f, 5r, 6f, 7f, 8f, 9r
Teil 3: 10f, 11r, 12f

Schriftlicher Ausdruck 2

(Ort, Datum)

Liebe Frau Huber,

für Ihren Brief und die Genesungswünsche besten Dank!
Wie Sie schon erfahren haben, muss ich meine Geschäftsreise nach Österreich verschieben. Ich habe mir nämlich beim Skilaufen ein Bein gebrochen. Es war gar nicht steil oder gefährlich, aber ich habe einen Moment nicht aufgepasst, und schon ist es passiert.
Inzwischen geht es mir wieder besser, aber mein Bein ist immer noch in Gips. Das behindert mich natürlich sehr beim Gehen. In einer Woche wird der Gips zum Glück entfernt.
Die Reise nach Österreich kann ich jetzt erst im Frühjahr durchführen, vielleicht im Mai. Vorher klappt es nicht, da habe ich keinen Termin mehr frei. Ich hoffe, ich kann Ihnen in den nächsten Wochen einen genaueren Termin mitteilen.

Für heute verbleibe ich
mit den besten Grüßen

Ihr(e) UNTERSCHRIFT

Lösungen – Kurztest 3

Leseverstehen 3

Teil 1: 1 F, 2 D, 3 A
Teil 2: 4 A, 5 B, 6 A
Teil 3: 7 E; 8 F; 9 G; 10 B; 11 –; 12 D

Sprachbausteine 3

Teil 1: 1a, 2a, 3c, 4a, 5b, 6c
Teil 2: 1e, 2c, 3d, 4f, 5g, 6b

Hörverstehen 3

Teil 1: 1f, 2f, 3r
Teil 2: 4r, 5f, 6r, 7f, 8r, 9f
Teil 3: 10f, 11r, 12r

Schriftlicher Ausdruck 3

IHRE
ADRESSE

Deutsche Austausch-Hilfe
Bonner Str. 64
D – 12037 Berlin

DATUM

Ihr Schreiben vom 27.03. – Begründung meiner Bewerbung um ein Stipendium

Sehr geehrte Damen und Herren,

im Folgenden sende ich Ihnen die gewünschte Begründung für meine Bewerbung.
Für mich als Jura-Studenten sind Deutschkenntnisse sehr wichtig. Da zwischen unserem und dem deutschen Rechtssystem viele Parallelen bestehen, lesen wir im Studium oft deutsche Gesetze. Dafür benötige ich gute Deutschkenntnisse.
Es ist mir aber nicht möglich, einen Sprachkurs in Deutschland selbst zu bezahlen. Das Studium bei uns ist ziemlich teuer, Geld für einen Sprachkurs in Deutschland habe ich nicht.
Von einem Sprachkurs in Deutschland erwarte ich mir eine Verbesserung meiner Deutschkenntnisse, vor allem aber Fortschritte beim Verstehen schriftlicher Texte. Aus diesem Grund habe ich in meiner Bewerbung auch den Schwerpunkt „Fachsprache" (Wirtschaft, Jura) genannt. Deutsch ist für mich vor allem wegen meines Studiums und meiner beruflichen Zukunft wichtig.
Ich hoffe, diese Informationen sind ausreichend für Sie. Falls erforderlich, sende ich Ihnen gerne weitere Informationen zu.

Mit freundlichen Grüßen

UNTERSCHRIFT

Lösungen – Kurztest 4

Leseverstehen 4

Teil 1: 1 F, 2 D, 3 B
Teil 2: 4 B, 5 C, 6 B
Teil 3: 7 C, 8 G, 9 A, 10 F, 11 B, 12 D

Sprachbausteine 4

Teil 1: 1b, 2a, 3c, 4c, 5a, 6c
Teil 2: 1a, 2d, 3h, 4f, 5g, 6c

Hörverstehen 4

Teil 1: 1r, 2f, 3r
Teil 2: 4f, 5r, 6f, 7f, 8f, 9f
Teil 3: 10r, 11f, 12f

Schriftlicher Ausdruck 4

IHRE
ADRESSE

Südwest-Anzeiger
Parkstr. 14
79108 Freiburg

DATUM

Wohnungsannonce WG2487/01 in der Ausgabe vom 19.04.20…
Bitte um Weiterleitung an Vermieter

Sehr geehrte Damen und Herren,

ich interessiere mich für die freie 3-Zimmer-Wohnung in Ihrem Haus.
Ich bin 28 Jahre alt, verheiratet und habe eine zweijährige Tochter. Beruflich bin ich als Schreinermeister in einem großen Möbelhaus fest angestellt.
Die Wohnung scheint die richtige Größe für unsere Familie zu haben. Auch für den Fall, dass noch ein zweites Kind hinzukommt, müssten wir nicht gleich wieder umziehen.
Bitte teilen Sie mir einen Termin mit, zu dem wir uns die Wohnung ansehen können. Meine Telefon-Nummer: XXX.
Ich hoffe bald von Ihnen zu hören.

Mit freundlichen Grüßen

UNTERSCHRIFT

Lösungen – Modelltest 5

Leseverstehen 5

Teil 1: 1 E, 2 I, 3 B, 4 F, 5 D
Teil 2: 6 C, 7 C, 8 B, 9 A, 10 B
Teil 3: 11 I, 12 G, 13 C, 14 L, 15 D, 16 M, 17 H, 18 B, 19 –, 20 F

Sprachbausteine 5

Teil 1: 1c, 2b, 3b, 4a, 5a, 6b, 7b, 8c, 9b, 10c
Teil 2: 1j, 2b, 3o, 4h, 5k, 6g, 7f, 8l, 9n, 10e

Hörverstehen 5

Teil 1: 1r, 2f, 3r, 4r, 5f
Teil 2: 6f, 7f, 8f, 9r, 10r, 11f, 12f, 13f, 14r, 15f
Teil 3: 16f, 17r, 18f, 19r, 20f

Medizinischer Wortschatz

Schriftlicher Ausdruck 5

Liebe Inga,

vielen Dank für deine letzte E-Mail, in der du über deine Hobbys schreibst. Heute will ich dir von meinen Hobbys berichten.
Auch ich koche gern, höre gern Musik – aber mein eigentliches Hobby ist meine Modelleisenbahn. Die habe ich schon, seit ich 10 Jahre alt bin, und inzwischen ist es eine große Eisenbahnanlage. Wichtig ist dabei nicht so sehr das Eisenbahnspielen, sondern das Planen und Basteln. Wohin kommen die Berge, die Häuser, vielleicht ein See? Wie passen die Gleise da hinein? Das finde ich interessant.
Beim Kochen und bei der Musik haben wir ja gemeinsame Interessen. Was kochst du denn gerne? Ich selbst beschäftige mich seit einiger Zeit mit der chinesischen Küche. Die ist so ganz anders als unsere. Und welche Musik magst du?
Ich finde, wir könnten in Zukunft Kochrezepte austauschen und gemeinsam überlegen, wie wir bestimmte Gerichte noch verbessern. Beim Kochen muss man ja immer etwas Neues ausprobieren. Und dann kann ich dir natürlich viele Briefmarken schicken – ich bekomme ja viel Post.
Das für heute. Ich freue mich schon auf deine nächste E-Mail.

Viele Grüße

VORNAME

Mündliche Prüfung 5

Diese Prüfung wurde als Paarprüfung durchgeführt und bewertet. Sie können sich die Prüfung auf der CD zum Testbuch, Track 57, anhören oder auf Seite 103/104 nachlesen. Die Bewertung der Prüfung steht auf Seite 72.

Lösungen – Modelltest 6

Leseverstehen 6

Teil 1: 1 E, 2 K, 3 A, 4 F, 5 I
Teil 2: 6 C, 7 A, 8 B, 9 A, 10 C
Teil 3: 11 I, 12 H, 13 K, 14 M, 15 F, 16 L, 17 G, 18 C, 19 B, 20-D

Sprachbausteine 6

Teil 1: 1c, 2b, 3b, 4c, 5b, 6c, 7a, 8b, 9a, 10b
Teil 2: 1m, 2a, 3k, 4d, 5e, 6g, 7b, 8c, 9n, 10l

Hörverstehen 6

Teil 1: 1f, 2r, 3f, 4r, 5r
Teil 2: 6r, 7r, 8f, 9f, 10f, 11f, 12r, 13f, 14r, 15f
Teil 3: 16f, 17f, 18r, 19r, 20f

Schriftlicher Ausdruck 6

(Ort, Datum)

Lieber Alois,

vielen Dank für deinen letzten Brief. Es tut mir leid, dass es dir zurzeit so schlecht geht. Aber ich kann dir ein paar Dinge dazu schreiben.
Letztes Jahr war ich nämlich in einer ähnlichen Situation. Ich habe alles schwarzgesehen, zu nichts hatte ich Lust. Ich kann also verstehen, wie du dich fühlst.
Auch ich wollte mit der Schule aufhören, Geld verdienen, meine Freiheit haben. Zum Glück habe ich das nicht gemacht! Was für einen Job bekommst du denn ohne eine gute Ausbildung? Und dieses Problem hast du dann dein ganzes Leben lang.
Die Idee, von zu Hause auszuziehen, kann ich verstehen. Du willst einfach einmal alleine leben und selbstständig sein. Aber denke auch daran: Dann musst du alles selbst machen: kochen, putzen, einkaufen, Wäsche waschen usw.
Du solltest einmal mit deinen Eltern über alles sprechen. Die sind doch in Ordnung. Vielleicht findet ihr gemeinsam eine Lösung. Sie haben doch Verständnis für dich!
Jetzt mach's gut!

Viele Grüße
dein(e)

VORNAME

Lösungen zum Übungsbuch

Sprachbausteine

1. Die Position der Wörter im Satz (1)

Übung 1:
1. Verb im Nebensatz am Ende – 2. Subjekt direkt nach dem Einleitungswort – 3. Verb an Position 2 – 4. Zweiter Verbteil am Ende – 5. Trennbare Vorsilbe am Ende – 6. Verb im Aussagesatz an Position 2

Übung 2:
1. Es ist durchaus bekannt, warum die Wälder in Mitteleuropa sterben. 2. Ich habe erfahren, dass Frau Gerber den Führerschein gemacht hat. 3. Letztes Jahr sind die Preise um 5-% gestiegen. 4. Martin will seiner Freundin Irene zum Geburtstag ein Buch schenken. 5. Wann fährt mein Zug nach Hamburg ab? 6. Weil es in Mitteleuropa viel regnet, verbringen viele Leute ihre Ferien im Süden.

Übung 3:
a. 4. Warum fliegt Frau Sturm jede Woche nach Lyon? 5. Weißt du, wohin Frau Sturm jede Woche fliegt? 6. Weißt du, wer jede Woche nach Lyon fliegt? 7. Fliegt Frau Sturm jede Woche nach Lyon? 8 Hast du vergessen, dass Frau Sturm jede Woche nach Lyon fliegt?
b. 1. Julia will mit ihren Freunden einen Ausflug an den Bodensee machen. 2. Was will Julia mit ihren Freunden machen? 3. Bei schönem Wetter will Julia mit ihren Freunden einen Ausflug an den Bodensee machen. 4. Hab ich dir schon gesagt, dass Julia mit ihren Freunden einen Ausflug an den Bodensee machen will? 5. Will Julia mit ihren Freunden einen Ausflug an den Bodensee machen? 6. Mit wem will Julia einen Ausflug an den Bodensee machen? 7. Warum will Julia mit ihren Freunden einen Ausflug an den Bodensee machen? 8. Weißt du, wann Julia mit ihren Freunden einen Ausflug an den Bodensee machen will?

Übung 4:
1b. Gestern hat Frau Müller ihrer Tochter eine Stereoanlage gekauft. 2a. Sie hat ihr eine Stereoanlage geschenkt. 2b. Weißt du, dass sie ihr eine Stereoanlage geschenkt hat? 3a. Frau Müller hat sie ihrer Tochter gekauft. 3b. Hat Frau Müller sie ihrer Tochter gekauft? 4a. Sie hat ihr eine geschenkt. 4b. Vor ein paar Wochen hat sie ihr eine geschenkt. 5a. Ich weiß nicht genau, wann Frau Müller sie ihr gekauft hat. 5b. Im April hat Frau Müller sie ihr gekauft. 6a. Warum hat sie sie ihrer Tochter geschenkt? 6b. Weißt du, ob sie sie ihrer Tochter geschenkt hat?

Übung 5:
1. temporal-lokal: Sie lebt seit zwei Jahren in Athen. 2. temporal-modal-lokal: Es ist nicht gut, dass du sie jeden Tag mit dem Auto in die Schule fährst. 3. temporal-lokal: Kannst du mir die Fotos heute nach Hause bringen? 4. temporal-kkk-modal-lokal: Sie brachte ihn gestern wegen seiner Schmerzen schnell zum Arzt. 5. temporal-kkk-lokal: Er hat sich gestern wegen der Kälte im Kaufhaus einen Mantel gekauft. 6. temporal-lokal: Sie musste gestern Abend vor dem Kino auf ihren Freund warten. 7. temporal-modal-lokal: Wenn du willst, kann ich ihn morgen früh gern zum Zug bringen. 8. temporal-kkk-lokal: Das Fest findet nächste Woche bei schönem Wetter im Freien statt. 9. kkk-modal-lokal: Das Rathaus wird trotz hoher Kosten wahrscheinlich im Stadtzentrum gebaut. Oder: modal-kkk-lokal: Das Rathaus wird wahrscheinlich trotz hoher Kosten im Stadtzentrum gebaut. 10. temporal-modal-lokal: ..., dass die Maschine heute ausnahmsweise über München fliegt?

Übung 6:
1. Das Konzert findet heute wegen Erkrankung des Solisten nicht statt. 2. Das Parkhaus wird wegen der hohen Kosten nicht im Zentrum gebaut. 3. Ich freue mich schon den ganzen Tag wie ein Kind auf deinen Besuch. 4. Sag ihr, dass wir heute wegen eines Unwetters ausnahmsweise keinen Spaziergang machen. 5. Ich fahre sie bei schlechtem Wetter mit dem Auto in die Schule. 6. Woher weißt du, dass sie seit zwei Jahren aus privaten Gründen in Athen lebt?

Übung 7:
1. Letztes Jahr sind wir im Sommer nicht in Urlaub gefahren. 2. Wir sind nur ein Wochenende mit Freunden in einem tollen Hotel gewesen. 3. Jeden Morgen hat der Kellner uns das Frühstück aufs Zimmer gebracht. 4. Mittags mussten wir trotz vieler Leute nicht auf das Essen warten. 5. Bei den großen Portionen war ich nach dem Essen immer ganz satt. 6. Jeden Tag hatte die Hotelleitung für die Gäste einen Unterhaltungsabend vorbereitet. 7. Leider haben wir aus Bequemlichkeit nicht das bekannte Stadtmuseum besucht. 8. Zum Abschied schenkten die Besitzer uns ein Souvenir.

Übung 8:
2. Nein, ich kann morgen Nachmittag nicht auf dein Baby aufpassen. 3. Nein, ich habe ihr nicht bei der Arbeit geholfen. 4. Nein, ich schlafe nachmittags nicht im Büro. 5. Nein, die Autobahn nach Lindau wird im Herbst nicht ausgebaut.

2. Das Verb: Formen und Funktionen

Übung 1:
du arbeitest / ihr arbeitet – er darf / ihr dürft – ich erfahre / wir erfahren – du schläfst ... ein / ihr schlaft... ein – ich lese / er liest – er badet / ihr badet – er bewirbt sich / ihr bewerbt euch – du

hast / ihr habt – du sendest ... ab / wir senden ... ab – du trittst ... ein / ihr tretet ... ein – er gefällt / ihr gefallt – du versprichst / ihr versprecht – du schlägst ... vor / ihr schlagt ... vor – er weiß / ihr wisst – du hebst ... auf / wir heben ... auf – du wirst / ihr werdet – du wäschst ... ab / ihr wascht ... ab – du übernimmst / ihr übernehmt – er wirft ... ein / wir werfen ... ein – du verrätst / ihr verratet – er leistet / wir leisten – ich muss / wir müssen – er will / wir wollen – er erhält / ihr erhaltet

Übung 2:
haben: Akkusativergänzung 2b, 3b, 4b, 6b – reflexives Verb 3c – Zustand 1b, 5b – sein: Fortbewegung 1a, 4a, – Zustandsveränderung: 2a, 3a, 5a, 6a

Übung 3:
1. getanzt, gewarnt, geblüht, gesucht, geantwortet, geärgert, gerettet – 2. angestrengt, abgehängt, hingesetzt, aufgeräumt – 3. verwendet, beantragt, bestraft, studiert, überredet, unterstützt, informiert, vergrößert – 4. geblieben, gefallen, erzogen, gezwungen, gesungen, geholfen, bekannt gegeben – 5. aufgehoben, aufgestanden, ausgezogen, eingestiegen, mitgekommen – 6. begonnen, bewiesen, erfunden, unterbrochen, verloren, überstanden, erzogen, widersprochen

Übung 4:
haben: anfangen, erziehen, sich wundern über, warten, wohnen, überfahren, aufhören, schlafen, singen
sein: schwimmen, einschlafen, werden, kommen, springen, abbiegen, (ver-)reisen, steigen, ziehen

Übung 5:
1. bin 2. bin 3. bin 4. habe 5. habe 6. habe 7. ist 8. bin 9. habe 10. ist 11. haben 12. bin 13. habe 14. bin 15. hat 16. bin

Übung 6:
1. informierte 2. sah 3. drohte 4. gebracht hatte 5. konnte 6. dauerte 7. entstand 8. kamen 9. ist

3. Modalverben

Übung 1:
1a, 2c, 3c, 4f, 5h, 6i, 7a, 8e/g, 9g, 10a

Übung 2:
1. kann 2. musst ... kann 3. sollen/müssen ... kann ... muss 4. kannst ... willst ... darf 5. kann ... muss/soll

Übung 3:
1. Wegen des Gewitters mussten wir schon eher nach Hause fahren. 2. In vielen Flüssen kann man kaum noch baden. 3. Du darfst heute Abend auf die Party gehen. 4. Werbung kann viele Menschen beeinflussen. 5. Alle Betriebsangehörigen sollen Überstunden machen. 6. Ich darf den Krimi nicht sehen. 7. Meine Eltern wollen sich eine neue Wohnung kaufen. 8. Früher konnte man noch leicht eine gute Wohnung finden.

Übung 4:
1. Ich konnte nicht kommen. 2. Ich durfte nicht weggehen. 3. Ich konnte dich telefonisch nicht erreichen. 4. Ich musste zu Hause auf meinen kleinen Bruder aufpassen. 5. Ich musste das Faxgerät zur Reparatur bringen. 6. Er musste für einen Test lernen.

Übung 5:
2. Ich bedaure es, dass ich nicht weggehen durfte. 3. Es war schlecht, dass ich dich telefonisch nicht erreichen konnte. 4. Ich fand es auch nicht gut, dass ich zu Hause auf meinen kleinen Bruder aufpassen musste. 5. Es ist ärgerlich, dass ich das Fax zur Reparatur bringen musste. 6. Es hat mir auch nicht gefallen, dass er für einen Test lernen musste.

Übung 6:
2. Ich habe nicht weggehen dürfen. 3. Ich habe dich telefonisch nicht erreichen können. 4. Ich habe zu Hause auf meinen kleinen Bruder aufpassen müssen. 5. Ich habe das Faxgerät zur Reparatur bringen müssen. 6. Er hat für einen Test lernen müssen.

Übung 7:
1. Ich höre meinen Bruder gerade zurückkommen. 2. Man lässt uns hier ganz schön lange warten. 3. Ich sehe Brigitte immer ganz toll tanzen. 4. Ich höre den Intercity jede Stunde sehr laut bei uns vorbeifahren. 5. Meine Eltern lassen mich abends noch nicht alleine ausgehen. 6. Ich sah ihn vor Freude weinen.

4. Aufforderung und Imperativ

Übung 1:
1. Hört endlich mal mit dem Krach auf! 2. Mach bitte mal das Fenster zu! 3. Beeilen Sie sich bitte etwas! 4. Reden Sie nicht so schnell, sonst versteht man Sie nicht! 5. Sei nicht so ängstlich! 6. Triff Martin doch an einem anderen Tag!

Übung 2:
1. Räum (doch/endlich) dein Zimmer auf! 2. Trocknet (doch/endlich) das Geschirr ab! 3. Nimm (doch) deinen kleinen Bruder mit! 4. Hilf (doch) Tante Emma beim Aufräumen! 5. Gib (doch) Martin einen Bonbon! 6. Lies (doch mal) ein gutes Buch!

5. Konjunktiv II

Übung 1:
1. Könnte ich bitte ein Glas Wasser haben? 2. Könnte ich bitte die Speisekarte haben? 3. Könnten Sie mir bitte sagen, wie spät es ist? 4. Könnten wir uns heute Abend treffen?

Übung 2:
1. Könnten/Würden Sie mir bitte sagen, wo der Eulenweg ist? 2. Könnten/Würden Sie mir bitte sagen, wo hier die Bushaltestelle ist? 3. Könnten/Würden Sie mir bitte sagen, wann der nächste Zug nach Brüssel fährt? 4. Könnten/Würden Sie mir bitte sagen, wo hier in der Nähe ein Blumengeschäft ist?

Übung 3:
1. Ich an deiner Stelle würde weniger/nicht so viel Alkohol trinken. 2. ... würde endlich einmal einen neuen Anzug anziehen. 3. ... würde keine so (teuren) Bars besuchen. 4. ... würde

(endlich) einmal zum Arzt gehen. 5. ... würde nicht so viel Geld für Reisen ausgeben.

Übung 4:
1. Wenn es doch zu regnen aufhören würde! / Würde es doch zu regnen aufhören! 2. Wenn ich doch einen Brief von meiner Freundin bekommen würde! / Würde ich doch einen Brief von meiner Freundin bekommen! 3. Wenn ich doch die Mathematikaufgabe verstehen könnte! / Könnte ich doch die Mathematikaufgabe verstehen! 4. Wenn ich doch (nur) nicht jeden Tag einkaufen müsste! / Müsste ich doch (nur) nicht jeden Tag einkaufen. 5. Wenn ich doch heute Abend in die Disko gehen dürfte! / Dürfte ich doch heute Abend in die Disko gehen!

Übung 5:
1. Ich hätte wahrscheinlich eine größere Wohnung gekauft. 2.-Ich hätte aber mein kleines Auto behalten. 3. Ich hätte auch keine anderen Kleider getragen. 4. Ich hätte mir einen Traum erfüllt und wäre in den Ferien einmal nach Island gefahren. 5. Insgesamt hätte ich im Leben wohl weniger Sorgen gehabt.

6. Passiv

Übung 1:
1. Nein, aber sie werden heute noch gebadet. 2. Nein, aber er wird heute noch geputzt. 3. Nein, aber es wird heute noch gespült. 4. Nein, aber sie werden heute noch gesaugt. 5. Nein, aber er wird heute noch gekehrt. 6. Nein, aber sie werden heute noch gegossen.

Übung 2:
1. Zuerst werden von einem Architekten die Pläne gemacht. 2. Dann wird eine große Baugrube ausgehoben. 3. Danach wird das Fundament gegossen. 4. Jetzt werden die Wände gemauert und das Dach gedeckt. 5. Anschließend werden Fenster und Türen eingebaut ... 6. und gleichzeitig werden Heizungen und das Bad installiert. 7. Wenn alles fertig ist, wird das Haus dem neuen Eigentümer übergeben.

7. Verben mit Reflexivpronomen

Übung 1:
1. dich 2. sich 3. mir ... mir 4. euch 5. dich ... dich ... dich 6. mich ... mir 7. sich 8. euch ... uns

Übung 2:
1. Er interessiert sich für Peters Arbeit. 2. Ich rege mich schon lange über die politische Situation auf. 3. Ich beschäftige mich sehr mit deinen Problemen. 4. Habt ihr euch gern an die Ferien erinnert? 5. Endlich habt ihr euch beruhigt. 6. Das Wetter hat sich verschlechtert. 7. Hat sich dein Halsweh verbessert? 8. Du hast dich in den letzten Jahren sehr verändert.

Übung 3:
1. euch ... uns 2. sich 3. euch ... sich ... euch 4. dir ... mich 5. sich ... uns 6. sich-7. uns 8. euch

Übung 4:
2. Frau Schwarz und ihre Chefin stritten sich. 3. Sie trafen sich/einander. 4. Beide interessierten sich sehr füreinander. 5. Sie sahen sich/einander jeden Abend. 6. Sie sprachen miteinander über viele interessante Dinge. 7. Sie gaben sich/einander die Hand. 8. Sie verabschiedeten sich-/-sich voneinander.

Übung 5:
Sie lernten sich im Stadtgarten kennen. Sie verabredeten sich telefonisch miteinander. Sie trafen sich im Café Weber. Sie begrüßten sich und unterhielten sich gut miteinander. Schnell verliebten sie sich ineinander. Aber schon bald verstanden sie sich nicht mehr. Und dann stritten sie sich/miteinander und ärgerten sich übereinander. Enttäuscht verabschiedeten sie sich voneinander. Sie verbrachten nicht einmal den ersten Abend miteinander.

8. Nominale und präpositionale Ergänzungen von Verben

Übung 1/2:
1. achten <u>auf</u> 2. denken <u>an</u>, sich beschäftigen <u>mit</u>, wichtig sein <u>für</u> 3. sich kümmern <u>um</u>, sich interessieren <u>für</u> 4. sprechen <u>mit</u> 5. sich freuen <u>über</u> 6. sich bedanken <u>bei</u> jemandem <u>für</u> etwas 7. warten <u>auf</u>, sich ärgern <u>über</u> 8. lachen <u>über</u>

Übung 3:
1. sich beschäftigen mit 2. sich freuen über 3. sich treffen mit 4. sprechen mit 5. nachdenken über 6. sich ärgern über 7. bitten um 8. achten auf

Übung 4:
1. darüber 2. an sie 3. darauf 4. über ihn 5. daran 6. davon 7. dafür 8. vor ihm

Übung 5:
1. der 2. der 3. viele ... viele 4. vielen ... ein 5. Vielen ... ein schönes 6. einen hohen 7. der ... die 8. die ... die 9. viele 10. den/dem

9. Nebensätze (1): Ergänzungssätze

Übung 1:
1. ... weniger zu rauchen. 2. ... abzunehmen/weniger zu essen. 3. ... mehr spazieren zu gehen. 4. ... gesünder zu leben. 5. ... mittags zwei Stunden zu schlafen. 6. ... viel zu essen. 7. ... regelmäßig Sport zu treiben. 8. ... so viel Alkohol zu trinken.

Übung 2:
1. ja 2. nein 3. ja, auch *dass* 4. ja 5. nein 6. nein 7. ja 8. nein 9. ja 10. nein 11. ja 12. ja

Übung 3:
1. Ich habe es abgelehnt, schon morgen nach Hamburg zu fahren. 2. Ich befürchte, dass der Winter sehr kalt wird. 3. Ich habe Peter angeboten ihn heute Abend nach Hause zu fahren. 4. Sie muss endlich damit aufhören, alles zu kritisieren. 5. Ich bedaure es, dass Frau Preuß morgen nicht mitkommen kann. 6. Es ist schade, dass deine Wohnung keinen großen Balkon hat. 7. Er hat sich darum bemüht, uns von seinen Plänen zu überzeugen. 8. Ich habe ganz vergessen, dass du mich morgen besuchen willst. 9. Er hat begonnen Deutsch zu lernen.

10. Ich hätte nicht gedacht, dass du schon wieder rauchst. 11. Unser Lehrer hat uns erlaubt eine Stunde zu spielen. 12. Ich hoffe dich bald wieder zu sehen.

Übung 4:
1a. Er bedauert, so spät aufgestanden zu sein. 1b. ... zunächst nicht an die Verabredung gedacht zu haben. 1c. ... sich dann verspätet zu haben. 1d. ... sie deshalb nicht getroffen zu haben. 1e. ... sie den ganzen Tag alleine gelassen zu haben. 2a. Als kleines Kind fand ich es schade, nicht lesen zu können. 2b. ... freute ich mich darüber, jeden Tag viel spielen zu dürfen. 2c. ... fand ich es nicht gut, abends früh ins Bett gehen zu müssen. 2d. ... ärgerte ich mich, noch nicht aus dem Fenster sehen zu können. 2e. ... fand ich es nicht gut, immer so viel essen zu müssen.

Übung 5:
1. Weißt du, ob Peter gestern hier war? 2. Weißt du schon, dass ich morgen Herrn Weber treffe? 3. Ich wollte wissen, ob das Konzert heute stattfindet. 4. Ich glaube nicht, dass es morgen regnet. 5. Keiner ist darüber informiert, dass die Konferenz schon zu Ende ist. 6. Es ist nicht bekannt, ob das Raumschiff schon gelandet ist.

Übung 6:
1. die Frage, ob er kommt 2. seine Freude darüber, sie bald wieder zu sehen 3. die Tatsache, dass die Erde eine Kugel ist 4. die Frage, wann sie dieses Jahr in Urlaub fahren 5. sein Versuch, seine Schulden zurückzuzahlen 6. die Unsicherheit, ob er wieder so viel trinken wird 7. die Information, dass es am Rhein Hochwasser gibt 8. unser Plan, am Bodensee ein Haus zu bauen

Übung 7:
1E, 2F, 3G, 4A, 5C, 6B, 7H, 8D

Übung 8:
2. ..., wie lange / wie viele Jahre / seit wie vielen Jahren meine Nachbarn schon hier wohnen. 3. ..., wo die Mülltonnen stehen. 4. ..., wie oft die Mülltonnen geleert werden. 5. ..., wann der Briefträger kommt. 6. ..., wer für die Heizung zuständig ist. 7. ..., was das dort ist. 8. ..., wohin diese Treppe führt.

10. Präpositionen

Übung 1:
„Wohin?" kann man fragen bei: bringen, einladen, fahren, fliegen, führen, hängen, kleben, legen, schicken, schreiben, setzen, stellen, tun, umziehen, werfen.
Nur „Wo?" kann man fragen bei: ankommen, bleiben, finden, geschehen, liegen, sein, sitzen, stehen, treffen, wohnen.

Übung 2:
1. das 2. die 3. der 4. der 5. den 6. sein

Übung 3:
2. beim, 3. auf ... nach, 4. an der, 5. bei ... zum, 6. durch das ... in das, 7. von der, 8. Auf der Post

Übung 4:
1. am 2. in die 3. in 4. in/auf die 5. auf der ... über den ... unter 6. durch das ... auf die 7. in die 8. über ... über

Übung 5:
1. aus 2. aus 3. Von 4. von 5. von 6. von 7. aus 8. aus

Übung 6:
2. Vor ... für 3. seit 4. Zu ... zu 5. bis zum 6. Bei den 7. In den 8. ab

Übung 7:
1. Wann ... Am ... am 2. am ... in 3. seit 4. Wann ... am ... um 5. Seit 6. am ... Bis zum 7. Seit wann ... Seit 8. Bei

Übung 8:
1. In 2. Wann ... ab 3. Im ... nach 4. Seit wann ... im ... Seit 5. Wie lange ... Bis/Bis zum 6. Nach/Vor 7. Während/Nach 8. nach

Übung 9:
1. Im Juli haben wir Urlaub gemacht. 2. Wir sind für zwei Wochen ans Meer gefahren. 3. Wir fahren schon seit vielen Jahren an denselben Ort. 4. Am Vormittag sind wir immer an den Strand zum Schwimmen gegangen. 5. Um 13 Uhr haben wir meist etwas Obst gegessen. 6. Von 14 bis 16 Uhr haben wir regelmäßig Mittagsschlaf gehalten. 7. Am Nachmittag haben wir manchmal einen Spaziergang ins nahe Dorf gemacht. 8. Nach dem Spaziergang haben wir gefaulenzt oder gelesen. 9. Am Abend sind wir in eine Taverne essen gegangen. 10. In der Nacht haben wir oft am Strand gesessen und auf das Meer geschaut.

Übung 10:
1. Für ... Für deinen 2. ohne unsere 3. aus 4. Mit einem 5. aus 6. bei 7. wegen eines 8. für deine

11. Vergleich und Steigerung

Übung 1:
älter/älteste – ängstlicher/ängstlichste – ärmer/ärmste – dümmer/dümmste – dunkler/dunkelste – frischer/frischeste – größer/größte – härter/härteste – höher/höchste – intelligenter/intelligenteste – jünger/jüngste – klarer/klarste – kürzer/kürzeste – länger/längste – lauter/lauteste – leichter/leichteste – näher/nächste – schärfer/schärfste – schwächer/schwächste – stärker/stärkste – wärmer/wärmste – gern/lieber/liebste – gut/besser/beste – viel/mehr/meiste – bald/eher/am ehesten

Übung 2:
1F, 2F, 3R, 4F, 5F, 6F, 7R, 8F

Übung 3:
1. Die Gewinne der Fabrik waren höher als die Verluste. 2. Es ist bekannt, dass die Sportler aus Ostdeutschland zu den besten in der Welt gehören. 4. Die Leistungen des Sportlers waren fast so gut wie im Jahr zuvor. 5. Frankreich hat mehr Einwohner als Griechenland. 6. Gestern Abend warst du wieder am schönsten von allen angezogen.

Übung 4:
1. Es hat sogar einen stärkeren Motor als deins. 2. Nein, es braucht sogar weniger Benzin als deins. 3. Meine Sitze sind noch bequemer als deine. 4. Ja, und doch passt in meinen (Kofferraum) mehr Gepäck als in deinen. 5. Und meins muss noch seltener zum Service als deins.

Übung 5:
1. Nein, er ist der kräftigste Ruderer in der Klasse. / Nein, er rudert am kräftigsten von allen. 2. Nein, er ist der schnellste Läufer in der Klasse. / Nein, er läuft am schnellsten von allen. 3. Nein, er ist der geschickteste Turner in der Klasse. / Nein, er turnt am geschicktesten von allen. 4. Nein, er ist der schnellste Radfahrer in der Klasse. / Nein, er fährt am schnellsten Rad von allen. 5. Nein, er ist der eleganteste Schlittschuhläufer in der Klasse. / Nein, er läuft am elegantesten Schlittschuh von allen.

Übung 6:
1. Die Donau ist länger als der Rhein. 2. Wien hat mehr Einwohner als Basel. 3. Der Großglockner ist höher als der Feldberg. 4. Zürich ist älter als Dresden. 5. Die meisten Banken gibt es in Frankfurt. 6. Die älteste Universität in Deutschland ist Heidelberg. 7. 1999 war Martina Hingis die bekannteste Tennisspielerin der Schweiz. 8. Berlin ist die größte Stadt Deutschlands.

12. Nebensätze (2): Konnektoren

Übung 1:
2. Da Peter keinen CD-Spieler hat, kannst du ihm keine CD schenken. 3. Ich passe heute Abend auf eure Kinder auf, damit ihr ausgehen könnt. 4. Die Abteilungsleiter haben sich versammelt, um über die schlechte finanzielle Lage der Firma zu beraten. 5. Obwohl ich wenig gelernt habe, will ich versuchen die Prüfung zu bestehen. 6. Die Konferenz musste ohne Frau Schmitt stattfinden, weil sie am Montag verreist war. 7. Wenn ich dir beim Aufräumen helfe, hast du nicht alle Arbeit alleine. / Ich helfe dir beim Aufräumen, damit du nicht alle Arbeit alleine hast. 8. Weil unser Auto plötzlich kaputt war, mussten wir den Rest der Strecke zu Fuß gehen.

Übung 2:
1. Nachdem der Kleine eine halbe Stunde gespielt hatte, ging er ins Bett. 2. Seit die Frau operiert (worden) ist, geht es ihr viel besser. 3. Du musst so lange Geduld haben, bis der Bus kommt. 4. Wenn Sie nächste Woche in Hamburg sind, (dann) schauen Sie doch bei Hansens vorbei. 5. Als das Gewitter anfing, waren wir zum Glück schon wieder zu Hause. 6. Bevor du vorbeikommst, ruf doch bitte vorher kurz an. 7. Als ich ihn neulich wiedertraf, erkannte ich ihn kaum noch. 8. Seitdem ich nicht mehr in der Stadt wohne, geht es mir viel besser.

Übung 3:
1. Viele Menschen lernen Sprachen, weil sie fremde Menschen und Länder kennen lernen wollen / damit sie ... kennen lernen. 2. Falls/Wenn mir ein Unglück passiert, benachrichtigen Sie bitte meine Verwandten. 3. Da/Weil es einen Verkehrsunfall gab, mussten wir einen langen Umweg machen. 4. Obwohl viele Menschen die Ausstellung besuchten, wurden nur wenige Bilder verkauft. 5. Da/Weil zwei Teilnehmer krank geworden waren, konnte die öffentliche Diskussion nicht stattfinden. 6. Wir müssen jetzt gehen, sonst wird es zu spät. / Wenn wir jetzt nicht gehen, wird es zu spät. / Wir müssen jetzt gehen, damit es nicht zu spät wird. 7. Als das Gewitter anfing, waren wir zum Glück schon wieder zu Hause. 8. Obwohl sie früh im Theater war, waren schon alle Karten ausverkauft.

Übung 4:
1. Als der Zug ankam, warteten ... 2. Wenn wir essen, müssen wir ... 3. Wenn es regnet, bleiben wir ... 4. Wenn das Flugzeug landet, schnallen Sie sich ... 5. Als das Flugzeug landete, wurde mir ... 6. Wenn wir spazieren gehen, erhole ich mich ...

Übung 5:
1. wenn 2. ob 3. ob 4. wenn 5. ob 6. wenn 7. ob 8. wenn

Übung 6:
2. Weil Paul krank war, konnte unsere Reise ... 3. Wenn ich Auto fahre, bin ich ... 4. Um den Text zu übersetzen, brauchst du ... / Wenn du den Text übersetzen willst, brauchst du ... 5. Während er uns besuchte, machten wir ... 6. Obwohl es sehr kalt war, machten wir ... 7. Als Herr Ortlieb neulich schwimmen war, hat er ... 8. Bevor wir ins Kino gehen, müssen wir ...

13. Adjektivdeklination

Übung 1:
1. einer, der 2. kleines, blondem 3. der, Welcher, Der 4. eins, schnelles 5. junger, einer 6. deine, dem

Übung 2:
1. Unser junges Modell Kerstin ... einen sommerlichen, kurzen Rock aus dünnem Stoff. Zu dem roten Rock ... flache schwarze Schuhe und eine weiße Bluse ... an warmen Sommerabenden ... an einem sonnigen Frühlings- oder Herbsttag.
2. ... einen hellen Sommeranzug aus leichtem Stoff. Zu dem modernen weißen Hemd ... eine bunte Krawatte in kräftigen Farben ... einen leichten Sommerschuh. Heller Anzug mit dunklem Hut ... die neueste Mode aus dem warmen Rom ... im kühlen Norden.

Übung 3:
... ein schlanker Mann von mittlerer Größe mit hellen Haaren, dunklem Bart und auffallend langer Nase, breitem Mund und großen Ohren ... ein gestreiftes blaues Hemd, einen weißen Pullover, eine schwarze Hose, schwarze Schuhe und einen weiten hellen Wintermantel ... schnelle, sportliche Autos. Nützliche Hinweise ...

Übung 4:
Junger Mann aus guter Familie, erfolgreicher Rechtsanwalt mit hohem Einkommen ... mit blondem Haar, jugendlichem Aussehen und athletischer Figur ... klassische Musik, französischen Wein, gutes Essen, lange Gespräche, kalte, sonnige Wintertage – und sympathische SIE. Du bist ein dunkler Typ mit schlanker Figur und langen Haaren; ... eine gute Ausbildung

und einen anspruchsvollen Beruf. Du magst interessante Menschen, lange Reisen in exotische Länder – aber auch kleine Kinder.

Übung 5:
Welcher junge Mann ... eine lange Reise ... für jedes mögliche Abenteuer ... in ein fernes Land ... ans blaue Meer ... die warme Sonne ... ein feines Abendessen ... ein einfaches Picknick ... großes Interesse an fremden Menschen ...

Übung 6:
Viel Neues und wenig Altes ... das neue Modell unserer supermodernen X-Serie ... mit einem starken Motor ... mit moderner Automatik ... der große Innenraum, die bequemen Sitze mit weichem Leder ... einer sportlichen Reiselimousine. Auf langen Reisen ... ein leistungsstarkes Radio-CD-Gerät ... zu einem wirklichen Überraschungspreis.

14. Nebensätze (3): Relativsätze

Übung 1:
1. was 2. von dem 3. was 4. was 5. in dem 6. was

Übung 2:
1. die Frau, die Sie gestern kennen gelernt haben / ..., der du vorhin geholfen hast / ..., über die du dich so sehr geärgert hast 2. Die Kinder, mit denen ihr jeden Tag spielt / ..., die du zu deinem Geburtstag eingeladen hast / ...., denen Peter seine Schallplatten geliehen hat / ..., die bei uns in der Nachbarschaft wohnen 3. Das Auto, das sich Frau Kreuz kaufen will / ..., mit dem wir letztes Jahr nach Brüssel gefahren sind / ..., das diese Nacht gestohlen worden ist / ..., für das ich mich interessiere 4. Paul, dem ich eine Kamera schenken will / ..., der später einmal Arzt werden will / ..., über den / von dem wir gerade gesprochen haben / der über jeden Witz lacht 5. Die Leute, die wir jedes Jahr im Urlaub treffen und mit denen wir gut befreundet sind / ..., denen ich mein neues Fahrrad gezeigt habe / ..., von denen wir neulich eine Einladung bekommen haben

Übung 3:
1. Der Mann, der die Relativitätstheorie entdeckt hat, ist Albert Einstein. 2. Die Stadt, in der Goethe geboren wurde, ist Frankfurt. 3. Das Land, gegen das die Bundesrepublik 1982 bei der Fußballweltmeisterschaft verloren hat, ist Italien. 4. Das Meer, in das die Donau fließt, ist das Schwarze Meer. 5. Der Berg, den Hillary und Tensing 1953 als Erste bestiegen haben, ist der Mount Everest. 6. Der Architekt, der den Eiffelturm konstruiert hat, ist Alexandre Eiffel. 7. Die Stadt, in der Cäsar 44 vor Christi Geburt getötet wurde, ist Rom. 8. Der bekannte Politiker, der 1963 ermordet wurde, ist John F. Kennedy.

15. Erweiterungen des Nomens

Übung 1:
2. unser Urlaub in Holland 3. die große Liebe der Frau zu dem Kind 4. die Fahrt der Reisegruppe nach Italien 5. die Verwandten meines Onkels in Polen 6. Freuds Theorie über die Psyche

Übung 2:
2. das Haus meiner Eltern auf Kreta 3. die Straße von Radolfzell nach Konstanz 4. der Autounfall meiner Bekannten im Winter 5. unsere Reise nach Frankreich 6. Familie Wolters Grundstück / das Grundstück von Familie Wolter

16. Artikelwörter und Pronomen im Text

Übung 1:
1. seinen 2. eure 3. deine 4. ihr 5. Ihre 6. ihrem 7. Ihre ... Unsere 8. ihre

Übung 2:
1. ihrem 2. euren ... Unseren 3. deine ... Mein ... meine 4. seinen 5. Ihrer 6. Ihren ... Unseren 7. seinem 8. meine

Übung 3:
1. darauf 2. auf ihn 3. auf ihn 4. Wofür 5. Wozu ... Dazu 6. um sie 7. womit 8. damit 9. bei ihr ... wofür 10. darüber

Übung 4:
1. man 2. jemanden 3. man 4. jemand 5. er 6. man 7. jemand ... er 8. man

Übung 5:
1. man 2. man 3. man 4. Er 5. man 6. er 7. Er 8. jemanden 9. Man 10. man 11 man

Übung 6:
1. nichts 2. nicht 3. keine 4. nichts 5. nichts 6. keinen 7. nicht 8. nicht 9. keine 10. nichts

Übung 7:
1. nie 2. nicht/nirgendwo ... irgendwo 3. jemanden ... niemanden 4. etwas ... nichts 5. keins 6. Hast du schon etwas ... nichts

Übung 8:
2. eine 3. keinen 4. welche 5. meines 6. eine 7. Meines 8. keine 9. keines 10. welche

Übung 9:
1. was für einen ... Welcher 2. Was für eine 3. Welchen 4. Was für 5. Welche 6. Was für eine

Übung 10:
1. Damit 2. es 3. Das 4. darüber 5. es 6. Darüber

17. Adverbien im Text

Übung 1:
Gestern bin ich um 7 Uhr aufgestanden. *Danach/Dann* bin ich ins Bad gegangen. *Dort/Da* habe ich geduscht. *Dann/Danach* habe ich ausgiebig gefrühstückt. *Dann/Danach* bin ich zur Haltestelle gerannt. *Trotzdem* habe ich die Straßenbahn verpasst. *Deshalb* bin ich zu spät ins Büro gekommen. *Da* hat mich gleich mein Chef gefragt, warum ich so spät komme. *Gleichzeitig* hat schon ein Kunde auf mich gewartet. Der Tag wurde anstrengend ...

18. Die Position der Wörter im Satz (2)

Übung 1:
1a. Ich habe sie auf der Autobahn gesehen. b. Ich habe sie dort gesehen. c. Ich habe die Polizeiautos auf der Autobahn gesehen. d. Ich habe dort Polizeiautos gesehen. 2a. Ich habe gehört, dass bei dem Unfall ein Mann leicht verletzt wurde. b. Ich habe gehört, dass er bei dem Unfall leicht verletzt wurde. c. Ich habe gehört, dass er dabei leicht verletzt wurde. 3a. Gestern Abend habe ich es meiner Tochter im Garten vorgelesen. b. Gestern Abend habe ich dort meiner Tochter ein Märchen vorgelesen. c. Gestern Abend habe ich ihr im Garten ein Märchen vorgelesen. d. Gestern Abend habe ich ihr dort das Märchen vorgelesen.

Übung 2:
1. Jedes Jahr reisen viele Touristen in den Bodenseeraum. 2. Sie besuchen diese Gegend vor allem wegen der schönen Landschaft. 3. Der Bodenseeraum bietet dem Besucher in jeder Jahreszeit eine abwechslungsreiche Erholung. 4. Am eindrucksvollsten ist für die meisten Touristen natürlich der große See. 5. Von Frühling bis Herbst ist er von einer milden grünen Landschaft umgeben. 6. Vor allem im Frühling und im Herbst, wenn man bei klarem Wetter die schneebedeckten Gipfel der Alpen sieht. 7. Rund um den See laden den Besucher zahlreiche Kunstdenkmäler zur Besichtigung ein. 8. Daneben verwöhnen ihn viele Restaurants mit guten Speisen.

Übung 3:
1. Herr Weber fuhr gestern nach Hamburg. Dort hatte er eine geschäftliche Unterredung mit einem Kunden. Danach besuchte er noch einen Freund in Altona. Gegen 18 Uhr fuhr er wieder nach Hannover zurück.
2. Nach meiner Geburt lebte ich mit meinen Eltern fünf Jahre in Hamburg. Hier ging ich auch in den Kindergarten. Im Herbst 1973 bekam mein Vater eine Stelle in Süddeutschland; deshalb zogen wir nach Höchstadt in die Nähe von Lautersheim um. Dort besuchte ich dreizehn Jahre lang die Schule. Ich ging zunächst vier Jahre auf die Volksschule; danach besuchte ich 9 Jahre lang das Gymnasium. Im Sommer 1988 machte ich das Abitur; anschließend begann ich zu studieren. Ich wollte eigentlich Chemiker werden, aber ich studierte schließlich Philosophie. (*Alternative*: Eigentlich wollte ich ..., aber schließlich studierte ich ...) Vor dem Studium musste ich aber noch meinen Zivildienst ableisten.
3. Letzte Nacht hat sich in Stockach ein Bankeinbruch ereignet. Unbekannte drangen durch ein Fenster in die Filiale der Volksbank ein. Die Täter konnten aber den Tresor nicht öffnen. Auch in der Bankkasse befand sich kein Geld. Die Täter mussten deshalb ohne Beute abziehen. (*Alternative*: Deshalb mussten die Täter ...) Hinweise zu den Tätern nimmt jede Polizeidienststelle entgegen.

Übung 4:
1. Ein Auto kam von der Straße ab und fuhr gegen einen Baum. 2. Zum Glück war der Fahrer nicht verletzt und das Auto nur leicht beschädigt. 3. Der Fahrer hatte die letzte Nacht lange gefeiert und viel Alkohol getrunken. 4. Es ist nicht sicher, ob der Fahrer von einem anderen Auto behindert wurde oder während der Fahrt eingeschlafen ist. 5. Die Polizei fand den Fahrer am Unfallort schlafend auf der Wiese und das Auto noch mit laufendem Motor.

Übung 5:
1. Das Internet verändert unser Leben und beeinflusst das Handeln der Menschen. 2. Es ist wichtig, weil es unendlich viele Informationen bereitstellt und jeder diese Informationen abrufen kann. 3. Trotzdem haben viele Menschen noch nicht erkannt, dass das Internet die Welt verändert und die größte Revolution der Jahrtausendwende ist. 4. In der Schule müssen die Kinder lernen das Internet zu nutzen und Informationen zu sammeln. 5. Sie müssen aber auch lernen mit der Masse der verfügbaren Informationen sinnvoll umzugehen und nicht zum Sklaven der neuen Medien zu werden.

Wortschatz

22. Menschen

Übung 2:
2. Gudrun Glück-Weiß ist die Tante von Kevin. 3. Marianne Glück ist verheiratet mit Bodo Glück. 4. Kevin und Laura sind Geschwister von Linda. 5. Egon Wieser ist der Schwiegervater von Bodo Glück. 6. Karla Wieser ist die Mutter von Marianne Glück. 7. Kevin, Laura und Linda sind Enkelkinder von Martin Glück. 8. Gustav Wieser ist der Onkel von Kevin, Laura und Linda.

Übung 3:
a. Verben, die man nur für ein Paar/Ehepaar benutzen kann: sich verlieben, sich trennen, sich küssen, sich verloben, heiraten, sich lieben, sich scheiden lassen
Verben, die man auch für andere Beziehungen benutzen kann: jemanden mögen, sich kennen lernen, sich verabreden, sich treffen, jemanden einladen, jemandem/sich begegnen, jemanden hassen, lachen, weinen, jemandem gefallen

Übung 4:
a. Aussehen: alt, blass, blond, dünn, dick, dunkelhaarig, groß, hässlich, hübsch, jung, klein, langhaarig, schick, schlank, schön, sportlich; Charakter/Verhalten: ernst, freundlich, fröhlich, herzlich, höflich, komisch, lieb, lustig, nett, offen, sympathisch; Intelligenz: dumm, intelligent, klug, schlau

Übung 6:
a. Gefühle: Angst, entspannt, Freude, genervt, glücklich, Hass, Leid, Liebe, Traurigkeit; Charaktereigenschaften: Ehrgeiz, gehemmt, gestresst, Glück, lebendig, leidenschaftlich, Mut, Temperament, temperamentvoll, verrückt, zufrieden, Zufriedenheit, zurückhaltend

Übung 7:
(*Zum Beispiel*:) 1. Ich bin glücklich, wenn ein kleines Kind lacht. 2. Es freut mich, dass es dir gut geht. 3. Ich bin froh, dass du die Operation hinter dir hast. 4. Ich bin zufrieden, wenn du deine Ziele erreichst. 5. Ich habe immer Angst davor, dass du nicht glücklich bist. 6. Es macht mich traurig, wenn du weinst.

7. Ich bedaure sehr, dass ich dich gekränkt habe. 8. Ich leide darunter, dass du ungerecht behandelt wirst. 9. Es tut mir weh, wenn andere dir wehtun.

23. Körper und Gesundheit

Übung 1:
Gymnastik: Fußsohlen, Arme, Achseln, Schultern, Kopf, Kinn, Oberkörper, Füße, Hand, Wirbel, Fußgelenk, Rücken, Brustkorb;
Frisbee: Daumen, Zeigefinger, Mittelfinger, Ringfinger, kleiner Finger

Übung 3:
Badetuch, Badewanne, Handtuch, Rasierapparat, Waschbecken, Waschlappen, Zahnbürste, Zahnpasta

Übung 4:
a. sich die Hände waschen: 3, 7, 1, 5, 6, 4, 2
b. duschen 6, 4, 5, 3, 2, 1
c. die Haare waschen: 4, 1, 2, 5, 3

Übung 6:
1B, 2F, 3E, 4A, 5C, 6D

Übung 7:
für einen Körperteil: Augentropfen, Hautcreme, Magentabletten
gegen eine Krankheit: Grippetabletten, Hustensaft, Rheumasalbe, Kopfschmerztabletten
mit einem Wirkstoff: Kräutertee, Vitamintabletten

Übung 8:
ein Rezept ausstellen (geben, haben); den Blutdruck messen; eine Spritze geben (verkaufen, haben); Tabletten einnehmen, verschreiben, geben, verkaufen (haben); Schmerzen haben; ein Medikament einnehmen, geben, verkaufen, verschreiben; Fieber haben

Übung 9:
Ich erinnere mich noch gut daran, wenn ich als Kind *krank wurde*. 2. Es begann meistens damit, dass es mir kalt wurde und ich *Kopfschmerzen* bekam. 3. Die Mutter sagte dann immer: „Ich wusste doch, dass du *dich erkältest*, wenn du bei diesem Wetter ohne Mantel in die Schule gehst." 4. Dann wurde *Fieber gemessen*. 5. Wenn ich mehr als 38 Grad hatte, bekam ich *Hustensaft* und einen heißen *Hustentee*. 6. Danach steckte meine Mutter mich ins Bett. 7. Wenn das Fieber auch am zweiten Tag noch hoch war, wurde der Arzt geholt, der mir *Grippetabletten* verschrieb. 8. Einmal gab er mir sogar *eine Spritze*. Das hat sehr wehgetan. Aber am nächsten Tag ging es mir wieder viel besser.

24. Bekleidung

Übung 1:
Männer: Anzug, Hemd; *Frauen:* Bluse, Kleid, Kostüm, Rock; *Männer und Frauen:* Hose, Hut, Jacke, Mantel, Pullover, Schuhe, Strümpfe; *Winter*: Handschuhe, Mütze, Schal

Übung 2:
Unterhose, Unterhemd, Unterrock, Nachthemd, Handschuhe, Sporthose, Sporthemd, Sportschuhe, Sportanzug, Trainingshose, Trainingsanzug, Badehose, Badeanzug, Bademantel, Schlafanzug, Regenschirm, Regenmantel, Sonnenhut, Sonnenschirm

Übung 3:
1. passt 2. steht 3. trägt 4. anziehen 5. passt

25. Essen und Trinken

Übung 2:
Besteck: Messer, Gabel, Löffel; *Geschirr*: Teller, Tasse, Glas Schüssel; *Beilagen*: Kartoffeln, Nudeln, Reis; *Käse*: Camembert, Emmentaler, Gouda; *Wurst*: Salami, Schinken, Wiener, Würstchen; *alkoholische Getränke*: Wein, Bier, Schnaps, Cognac; *Fleisch*: Schnitzel, Braten, Bratwurst, Kotelett; *Gemüse*: Bohnen, Brokkoli, Karotten, Spargel, *Obst*: Kirschen, Äpfel, Birnen, Erdbeeren; *nicht alkoholische Getränke*: Mineralwasser, Fruchtsaft, Kaffee, Milch, Tee

Übung 3:
eine Scheibe Brot/Wurst nehmen; ein Stück Brot/Wurst/Butter/Zucker essen; eine Tasse Kaffee/Tee trinken; ein Glas Saft/Tee/Bier/Wein trinken; einen Löffel Zucker/Honig nehmen; eine Kiste Saft/Bier/Wein nehmen; ein Stück Wurst/Butter/Zucker nehmen

26. Wohnen

Übung 2:
Bürohaus, Eigentumswohnung, Einfamilienhaus, Großstadt, Hauptstadt, Innenstadt, Kleinstadt, Mehrfamilienhaus, Mietshaus, Mietwohnung, Stadtzentrum, Vorort, Weltstadt, Wohnhaus, ...

Übung 3:
a. (*zum Beispiel*:) Wohnzimmer: Sessel, Teppich, Schrank, Stuhl, Tisch, Stehlampe, Fernseher, Esstisch; Schlafzimmer: Stuhl, Couch, Kleiderschrank, Ehebett; Kinderzimmer: Schrank, Stuhl, Tisch, Bett, Regal; Küche: Schrank, Stuhl, Kühl schrank, Herd, Spülmaschine, Eckbank; Bad: Badewanne, Waschmaschine, Dusche, Spiegel; Flur: Spiegel, Regal; Arbeitszimmer: Schrank, Stuhl, Schreibtisch, Regal; Keller: Waschmaschine, Regal

Übung 5:
a. alt – neu, altmodisch – modern, billig – teuer, bunt – einfarbig, dunkel – hell, eckig – rund, groß – klein
b. bequem – unbequem, echt – unecht, gemütlich – ungemütlich, praktisch – unpraktisch

27. Freizeit

Übung 4:
Badehose, Badeschuhe, Tennisball, Tennisschläger, Tennisschuhe, Fußballschuhe, Skihose, Skischuhe, Spielkarten, Eintrittskarten, Urlaubsfoto, Jogginghose, Joggingschuhe,

Freizeithose, Freizeitschuhe, Rockkonzert, Rockmusik, Musikinstrument, Sporthose, Sportschuhe, Sportfoto, Sportveranstaltung ...

28. Reisen und Verkehr

Übung 2:

(*Zum Beispiel:*) 1. Hier muss man geradeaus fahren. 2. Hier soll man (auf Fahrräder) aufpassen. 3. Hier muss man aufpassen. 4. Hier darf man nicht fahren. 5. Hier darf man nicht rechts abbiegen. 6. Hier darf man nicht parken. 7. Hier kann man tanken. 8. Hier kann man parken.

Übung 3:

	Schiene	Straße	Radweg	Flug-hafen	Bahn-hof	Halte-stelle/	Ticket	Fahr-karte/	Fahr-schein	Hafen
Eisenbahn	X				X			X		
Auto		X								
Straßenbahn/	X					X			X	
Fahrrad/			X							
U-Bahn	X					X			X	
Schiff							X			X
Flugzeug				X			X			

29. Arbeit und Dienstleistung

Übung 2:

Arbeitnehmer/in: Arbeit suchen, arbeitslos sein, berufstätig sein, die Stelle wechseln, sich um eine Stelle bewerben, streiken, sich arbeitslos melden, kündigen, einen Urlaubsantrag stellen, in Pension/Rente gehen, sich vorstellen, sich selbstständig machen; *Arbeitgeber/in*: neue Stellen schaffen, jemanden einstellen, berufstätig sein, jemanden entlassen, eine Stelle neu besetzen

Übung 4:

1H, 2F, 3E, 4I, 5D, 6C, 7A, 8K, 9J, 10B, 11G

Übung 5:

a. eine Ausbildung abbrechen, abschließen, beginnen, machen; einen Beruf erlernen; einen Kurs abbrechen, abschließen, beginnen, besuchen, machen; eine Lehre abbrechen, abschließen, beginnen, machen; Medizin studieren; Programmierer lernen, werden; die Schule abbrechen, abschließen, besuchen

Übung 6:

Wenn Sie einen Antrag stellen wollen, müssen Sie ein Formular ausfüllen. Das Antragsformular bekommen Sie am Schalter neben Zimmer 233. Sie müssen aber unbedingt die Frist einhalten und dürfen den Termin der Antragstellung nicht überschreiten. Holen Sie aber zuerst Auskunft ein, ob Sie überhaupt das Recht haben einen Antrag zu stellen. Sie sollten sich eine Kopie von dem ausgefüllten Formular machen und sie gut aufheben.

30. Medien

Übung 1:

Anrufbeantworter, CD-Player, Farbfernseher, Faxgerät, Fernsehgerät, Festplatte, Grafikprogramm, Laserdrucker, Radiogerät, Telefonapparat, Textverarbeitung

Übung 3:

ein Dokument öffnen, klicken auf, Laufwerk, doppelklicken, Ordner, Datei, Unterordner, Menü, Registerkarte, Kontrollkästchen

Leseverstehen

32. Globalverstehen

Übung 1:

a. Protest H, Arzt G, Post C, Religion B, Musik D, Hausordnung A, Kaufhaus E, Anzeigen F

Übung 2:

b. Haus, wohnen, Wohnsituation, Ausländer

c. 1. alt, kaputt, baufällig, feucht 2. Macht, Scholl 3. junge Leute, Jugoslawienflüchtlinge, ein Theater 4. Zerfall der Bausubstanz

Übung 3:

1b, 2b, 3b, 4c, 5a

Übung 4:

a. Anzeige, Rahmen, grafische Form

b. 1. von der Firma Mister Fash Textilhandel; 2. Personen, die in der Modebranche arbeiten wollen; 3. in einer Zeitung

c.

SPASS AN MODE

Sie möchten unseren weiteren Weg mitgestalten und mit uns gemeinsam wachsen? Zur Verstärkung unseres Teams in Hamburg suchen wir Sie als engagierte/n

Verkäufer/in

Sie bringen mit: Spaß an Mode und Verkauf – Freude am Umgang mit Menschen – möglichst Erfahrung in der Textilbranche

Wir versprechen Ihnen: einen abwechslungsreichen Arbeitsplatz in einem netten Team – 4/5-Tage-Woche – ein leistungsgerechtes Gehalt

Interessiert? Dann sollten Sie uns kennen lernen. Rufen Sie uns einfach mal an oder senden Sie uns Ihre Bewerbungsunterlagen zu.

Mister Fash Textilhandel
Große Straße 105, 22033 Hamburg, Tel. 040/ 8570778, Frau Weiß

33. Selektives Verstehen

Übung 1:

a. (*zum Beispiel:*) Zahl der Personen, Beruf, Alter, finanzielle Situation
b. f
c. A 1, 7, 8, 5, 2; B 4, 2, 8, 3, 5; C 1, 4, 8, 6, 2, 5; D 6, 1, 8, 3; E 7, 1, 6, 2, 3; F 4, 2, 5

Übung 2:

a.

Burgtheater Spielzeit 2000/2001

Die Saisonvorschau für die Spielzeit informiert Sie über die aktuellen Premieren, das Ensemble, die neue Direktion und das zukünftige, umfangreiche Serviceangebot.

Preis für beide Broschüren € 29.-

Erhältlich im Informationsbüro des österreichischen Bundestheaterverbands, Hanuschgasse 3, A-1010 Wien

Wie Sie Karten und Information bekommen:

Servicecenter des Burgtheaters
Das neue Servicecenter des Burgtheaters informiert über Einzel- und Gruppenreservierungen und über spezielle Angebote wie Geschenkgutscheine, Kinderbetreuung und Theatertaxi. Das Servicecenter befindet sich gegenüber den zentralen Kassen der Bundestheater in der Hanuschgasse 3, 1010 Wien. Öffnungszeiten: Mo bis Fr, 9 - 18 Uhr. Tel.: 51444-4140

Telefonischer Kartenverkauf für Inhaber von Kreditkarten
Mehr als doppelt so viele Leitungen wie bisher stehen weltweit den Inhabern von Kreditkarten (American Express, Diners Club, Visa, MasterCard, Eurocard und JCP Card) für ihre telefonischen Kartenbestellungen zur Verfügung. Die Wiener Telefonnummer 513 15 13 ist von Mo bis Sa, 9 – 21 Uhr, und an Sonn- und Feiertagen von 10 bis 21 Uhr erreichbar. Der Vorverkauf für September startet am 20. August 2000.

Last Minute Ticket
Eine Stunde vor Beginn der Vorstellung ist jede Restkarte in allen noch vorhandenen Preiskategorien an den Abendkassen um 50% ermäßigt.

b. Ich kaufe eine Broschüre beim Informationsbüro des österreichischen Bundestheaterverbands.
c. Ich schreibe an das Servicecenter des Burgtheaters oder bestelle telefonisch.
d. Ich bitte das Servicecenter um Kinderbetreuung

Übung 3:

a. Schwimm-; Kurse
b. schwimm: über Wasser halten, Schwimmkurse, Wasserratten, Anfänger, Nichtschwimmer, Fortgeschrittene, Schulschwimmhallen, Schwimmkünste, selbst schwimmen
Kurse: Unterricht, lernen, Drei-Wochen-Kurse, Schulschwimmhallen, Zwei-Wochen-Kurse, Anfängerkurse
c.

	Für wen?	Wann und wie lange?	Wo?
1.	Kinder und Jugendliche, 4–16 Jahre	die großen Ferien	
2.	Anfänger und Nichtschwimmer	ab 2. und ab 23. August, Drei-Wochen-Kurse	Dante-, Ungerer-, Schyrenbad etc.
3.	Fortgeschrittene	2. 8.–10.9., Zwei-Wochen-Kurse	Flurstraße etc.
4.	Die ganz Kleinen	große Ferien	Information bei der Stadt

Übung 4:

a. 5 Schriftarten
b. Bern ist die Bundeshauptstadt, Sitz der Schweizer Regierung und des Parlaments. Rundgang durch das Bundeshaus machen, Tel. 322 85 22 anrufen.

34. Detailverstehen

Übung 1:

c. in einer Broschüre über Sportarten
d. fangen und werfen
e. der richtige Griff, zweckmäßige Körperhaltung
f. Daumen, Zeigefinger, Mittelfinger, Ringfinger, kleiner Finger

Übung 2:

c. c, b, e, d, a, f

Übung 3:

1. ein Stuhl 2. Gorillas 3. Bremse 4. Krawatte 5. Freitag/Samstag 6. schwarz 7. stumpf 8. scharf/ stark 9. zu spät 10. fiel/stürzte … überlebte 11. leihen 12. liebte 13. stieg 14. gewartet

Übung 4:

1. Morgen 2. seines 3. fest 4. Da/Weil 5. die 6. Auto 7. Sie 8. Garage 9. mussten 10. Der 11. am 12. hatte

Übung 5:
1. nahmen wir keinen Regenschirm mit 2. ... du verlässt die Schule 3. du nicht frierst 4. schaffte er die Qualifikation nicht 5. sie auf der Straße waren

Übung 6:
dass, deshalb, die, vorher, aber, wenn, an der, was, wo, der, bis, oder, und, denn, ob, die, dass, dann, um

Übung 7:
a. Schule, Berufsausbildung für ausländische Jugendliche
b. 1. Jugendliche 2. schwer 3. deutschen 4. Fächer 5. (Unterrichts)Stunden 6. Auch 7. ausländische 8. Jahre 9. müssen 10. eine 11. dauert 12. Teilnahme 13. Kosten 14. finden 15. Adresse 16. Verbesserung

Übung 9:
a. Seniorchefin, Zirkus, Tradition, Post, praktisch, Elefantendressur, Tigerdompteur, (Pferde)dressur, Zirkuschef, evakuiert, Zirkuslizenz, Bomben(angriff), Provisorium, Manegen(spiel), Krone-Festival, Artisten, Clowns, Kostüme, komponierte und arrangierte Musik, Konkurrenz, Film, (Sommer-)Tournee, Millionen, Pressechef, Winterprogramm, finanziert, Subventionen
b. A 2, B 4, C 8, D 1, E 3, F 9, G 5
c. 1f, 2f, 3r, 4f, 5f, 6f, 7r, 8f, 9r, 10r, 11f, 12f

Übung 10:
a. arbeitslos, Jugend
b. 18 Monate, 10.062 Jugendliche, 20 Jahren, 29-prozentiger Rückgang, vierten Quartal, 2,7 Prozent aller Arbeitslosen, 80 Prozent, eineinhalb Jahre, bis zu 18 Jahren
c. arbeitslos, Jugendarbeitslosigkeit, Landesarbeitsamtsdirektor, die Arbeitslosen, Arbeitsstellen, Arbeit, Arbeitgeber, Arbeitskräfte, arbeiten, Jugendarbeitsschutzgesetz
d. Feststellung: 1, 2, 4, 12 – Gründe: 3, 6, 7, 8, 9, 10, 11 – Erklärungen: 5, 13, 14
e. 1a, 2b, 3c, 4a, 5c

Übung 11:
b. 1.250 Griechen, 90% der Hertener Griechen, vor einem zweiten Start, ein zweiter Krankenwagen, 25 Ortschaften, 10.000 Euro
c. Griechen: in aller Welt, Hertener Griechen, Außenseiter, Deutsch-Griechischer Verein, griechische Gemeinde, Griechenland, deutsch-griechische Aktion, der Grieche Prodomos, deutsch-griechische Freundschaft
Krankenwagen: alte ausgemusterte, aber noch gut brauchbare Krankenwagen, neue Fahrzeuge
e. In Herten leben 1.250 Griechen. In aller Welt sind die Griechen bekannt für ihre Unternehmungsfreude und Anpassungsfähigkeit. So sind auch die Hertener Griechen nicht in der Rolle der Außenseiter geblieben. Sie haben Kontakt gesucht und gefunden. Sie wollen in der Stadt mitmischen(,) und deshalb gründeten sie mit deutschen Freunden einen Deutsch-Griechischen Verein. Dieser Verein will sich nicht allein mit den Problemen der griechischen Gemeinde in Herten befassen, sondern eine Art Brücke zwischen Deutschland und Griechenland bilden. Rund 90 % der Hertener Griechen stammen aus Nord-Griechenland. Sie wollen mit ihrem Verein den ärmeren Gemeinden in der Heimat helfen. Dafür fanden sie volle Unterstützung bei den deutschen Mitgliedern des Vereins. Es wurden Spenden gesammelt, dann kam die Idee hinzu(,) alte „ausgemusterte", aber noch gut brauchbare Krankenwagen und Feuerwehrfahrzeuge zu renovieren und nach Griechenland zu bringen. Schon in anderen Städten von NRW hat es derartige Aktionen gegeben. Die Mitglieder des Hertener Vereins suchten in Nordrhein-Westfalen geeignete Fahrzeuge und ermittelten in Griechenland hilfsbedürftige Gemeinden.
Die Sache hat geklappt(,) und nun steht die deutsch-griechische Aktion vor einem zweiten Start. Ein ausgemustertes Krankenfahrzeug aus Herten, ein zweiter Krankenwagen und ein Feuerlöschfahrzeug aus der Nachbarschaft Datteln sollen die nächste Karawane bilden, die sich im Frühjahr nach Abschluss der Renovierungsarbeiten auf den Weg nach Griechenland machen wird. Bei der ersten Aktion vor einem Jahr war der Gemeinde Axios bei Saloniki ein Krankenwagen übergeben worden. Die Zielgemeinden der neuen Fahrzeuge sollen noch unter rund 26 Ortschaften ermittelt werden, die sich beworben haben. Der Verein rechnet mit 5.000 Euro Kosten für die neue Aktion. Das Geld wird von den Vereinsmitgliedern und von Spendern aufgebracht.
Die beiden Vorsitzenden, der Grieche Prodomos und der Deutsche Manfred Kantner, sowie der Schirmherr des Vereins, der stellvertretende Bürgermeister Herbert Werner, sind zuversichtlich, dass auch diese neue Aktion zu einem erfolgreichen Ende gebracht werden kann. Vereinsmitglieder werden persönlich am Steuer sitzen, die Fahrzeuge bis in die Bestimmungsorte fahren und im Rahmen einer kleinen Feier der betreffenden Gemeinde übergeben. So wird die alte, aber durch den letzten Weltkrieg leider stark ramponierte deutsch-griechische Freundschaft aufgefrischt. Somit sind die ausländischen Arbeitnehmer zu einem wichtigen Bindeglied zwischen Deutschland und ihren Heimatländern geworden.
f. 1a, 2c, 3a, 4c, 5c

Hörverstehen

36. Globalverstehen

Übung 1:
1. Lärm und Rufe von jungen Menschen, eine Tür, eine laute Männerstimme 2. in einer Schule, in einem Klassenzimmer 3. ein Lehrer mit den Schülern, mit der Klasse 4. Der Lehrer möchte den Unterricht beginnen

Übung 2:
a. 1. 3 Personen 2. eine junge Frau, ein junger Mann, eine Kellnerin 3. in einem Café 4. abends um 17.45 Uhr, an einem Wintertag 5. A als Taxifahrer und Musiker, B ist Bankangestellte 6. über das Wetter, über sich 7. im Café
b. 1. r, 2. f, 3. f, 4. r, 5. f, 6.f

Übung 3:

a. 1. Küchengeräusche, Fernseher, Teller, Klingeln an der Tür, Öffnen der Tür 2. Herr und Frau Kugler haben die Familie Müller zum Essen eingeladen. Frau Kugler bereitet das Essen vor. Herr Kugler sitzt im Wohnzimmer und sieht die Nachrichten im Fernsehen an. Frau Kugler bittet ihren Mann zu helfen. Sie streiten etwas. Da klingelt es an der Tür. Die Müllers sind schon da mit schönen Blumen.

b. 1. vier Personen 2. in einer Wohnung 3. Sie bereiten das Essen vor und decken den Tisch. 4. die Einladung

c:

Frau Kugler	Stimmung	Herr Kugler
X	freundlich	X
	ruhig	X
X	nervös	
	leise	X
X	ungeduldig	
X	ärgerlich	
	panisch	
X	gehetzt	
	konzentriert	

d: 1. r, 2. r, 3. f, 4. r, 5. f

Übung 4:

1. ein Flugkapitän – 2. in einem Flugzeug – 3. 214, 3500, 11000, 2, 5, 12 – 4. Lufthansaflug, Fuß, Meter, Stunden, Minuten, Grad – 5. Athen, München, Düsseldorf, Skopelos, Thessaloniki, Skopje, Ljubljana, Salzburg – 6. Flughöhe, Strecke, Ankunft, Wetter – **Im Flugzeug**

Übung 5:

1. r, 2. f, 3. r, 4. f, 5. r, 6. f

37. Selektives Hören

Übung 1:

a.

	Wo werden die Texte gesprochen?	Wer spricht mit/zu wem?
1	auf dem Flughafen	ein Sprecher zu den Reisenden nach Jakarta
2	am Telefon	ein Sprecher des Weckdienstes zu Herrn Bruch
3	im Zug, Intercity	Der Zugchef zu den Reisenden
4	auf dem Anrufbeantworter	Hannelore Ulmer zu Birgit
5	in einem Zug am Bahnhof in Augsburg	Lautsprecherdurchsage an die Reisenden, eine alte Dame mit einem jungen Mann

b.

1. Ausgang B14 – 2. um 6 Uhr 45 – 3. Informationsblatt „Ihr Zugbegleiter" – 4. am kommenden Donnerstag um 11 Uhr in Hannelores Büro im ersten Bezirk in der Mariahilferstraße 88a. – 5. ins Gepäcknetz

Übung 2:

1. um 20 Uhr fünf 2. um 12 Uhr fünf 3. um 10 Uhr vier

Übung 3a:

1. bei Radio Arabella 2. für Radiohörer, die Fußballfreunde sind 3. Fußball-Weltmeisterschaft in Italien

Übung 3b:

Welche Spiele werden genannt?	Wie ist das Ergebnis?
1. Deutschland : Kolumbien	1 : 1
2. Italien : Tschechien	2 : 0
3. Jugoslawien : Arabische Emirate	4 : 1
4. Österreich : USA	2 : 1

Übung 3c:

1. r, 2. f, 3. f, 4. r, 5. f

Übung 4:

1. teurer 2. gleich 3. gleich 4. billiger 5. gleich 6. billiger 7. gleich 8. gleich 9. billiger

38. Detailverstehen

Übung 1:

a. Messer

b. Küchenmesser, Vielzweckmesser, Allzweckmesser, Allesmesser, Alleskönner

c. Man kann schneiden, schaben, schälen, schlagen.

d. 1. f, 2. r, 3. r

Übung 2:

a. das Rätsel, der Spaß

b. 1. Radio Salzburg macht eine Rätselsendung mit Walter Höller, man kann bei Radio Salzburg anrufen, W. Höller stellt eine Frage oder es kommt eine Spaßvogelfrage. Für jede richtig beantwortete Frage bekommt man 100 Schilling. 2. Musik, Ansage, Gespräch am Telefon, Ticktack des Metronoms, Musik 3. das Spiel, Herr Glück, die Rätselfrage, die Spaßvogelfrage, die Lösung 4. Herr Glück ist sehr positiv, er hat vier Kinder, bei ihm sind Schwester, Schwager und drei Kinder, seine Frau ist im Urlaub

Übung 3:

a.

	ja	nein	unklar-
1.		X	
2.		X	
3.		X	
4.	X		
5.	X		
6.	X		

b.

Negation	Was wird verneint?
2. kaum	ahnen
3. kein	Baum, Schatten
4. unmöglich	in der Sonne sitzen
5. nein, keine	halbe Stunde bis Hergiswyl
6. nicht	haben … auf
7. nichts	zum Essen
8. nichts	zu danken

Übung 4:

a. *Wer spricht mit/zu wem?* Radiosprecher zu Hörern
Wann? während der Sendung
Über welches Thema? eine entlaufene Katze
Mit welcher Absicht? die Katze zu finden
b. 1. unserem Tiermarkt 2. eine graue Katze verschwunden 3. nur ein Auge 4. an den Ohren tätowiert 5. rufen Sie im Studio an

Übung 7:

a. 1. ein Radiosprecher für die Radiohörer 2. Radio, in Salzburg 3. um 15 Uhr 4. Nachrichten 5. mehrere Nachrichten, Wetterbericht am Ende und Verkehrsnachrichten

Übung 5:

Körperteile	
Singular	**Plural**
1. die Fußsohle	die Fußsohlen
2. der Arm	die Arme
3. der Hintern	die Hintern
4. die Schulter	die Schultern
5. der Kopf	die Köpfe
6. der Ellenbogen	die Ellenbogen
7. der Oberkörper	die Oberkörper
8. die Hand	die Hände
9. der Fuß	die Füße
10. der Rücken	die Rücken
11. das Knie	die Knie
12. das Bein	die Beine
12. der Bauch	die Bäuche

1. Sie kreisen mit den Armen und Schultern. 2. Sie drehen den Kopf nach rechts, dann zur Mitte und nach links. 3. Sie laufen auf der Stelle, heben die Füße und die Knie dann immer höher. Dann strecken Sie das Bein nach vorne und zeigen mit den Fußspitzen zum Boden und dann zu Ihrem Körper.

Übung 6:

b. 1. r, 2. f, 3. f, 4. f, 5. r, 6. r, 7.f, 8. f, 9. r, 10. r

b.

Meldung	Personen	Ort	Thema
Nachricht 1	Ecevit	in der Türkei	Regierung
Nachricht 2	Discovery	in 385 km Höhe zwischen Russland und Kasachstan	internationale Weltraumstation
Nachricht 3	Verteidigungsminister Scharping	Bonn	Militärpakt WEU
Nachricht 4	Experten des WWF	Kosovo	Umweltschäden
Nachricht 5	Träger des alternativen Nobelpreises	Salzburg	Tagung
Nachricht 6	18-jähriger Schüler	Oberösterreich	Briefbomben
Nachricht 7	Landeshauptmann F. Schausberger	Carolingerstraße in Salzburg	Landesfeuerwehrschule
Nachricht 8	18-jährige Tanja Horner	Straße bei Hüttau	Unfall

c. 1. In Osttirol sind zunehmend Regenschauer und Gewitter zu erwarten, sonst wird es schön und warm in ganz Österreich. 2. Man kann durch den Tauerntunnel fahren, aber man muss bis zu 30 Minuten warten.

d. 1. der Brief, die Bombe, der Bastler 2. der 18-jährige HTL-Schüler, ein Einzeltäter, kein Superhirn, der Achtzehnjährige, Techniker 3. Er ist ungebildet und weiß nicht, an wen er die Bombe schicken soll.
e. 1. r, 2. f, 3. r, 4. f, 5. f, 6. f, 7. f, 8. r, 9. r, 10. f

Schriftlicher Ausdruck

40. Vom Satz zum Text

Übung 1:

1. hier: in Österreich 2. davor: vor dem Sommer 3. vielen: Touristen 4. sie: Touristen 5. dorthin: zu den Seen 6. dann: im Winter 7. dort: in den bekannten Skigegenden 8. das: die Preise für Übernachtung und Restaurant

Übung 2:

2. Frau Karsten fährt ans Meer, denn sie will dort angeln.
3. Zuerst wollen wir essen; danach können wir einen Spaziergang in den Wald machen, wo gute Luft ist.
4. Karl muss in die Schule gehen, doch vorher schmiert seine Mutter ihm noch zwei Wurstbrote.
5. Vor zwei Jahren wollte Herr Grün sich ein Auto kaufen, aber er hatte damals noch nicht viel Geld, da er gerade mit seinem Studium fertig war.
6. Karl kam um 11 von der Schule nach Hause. Danach ruhte er sich eine Stunde lang aus und dann machte er seine Hausaufgaben.
7. Rotkäppchen besuchte seine kranke Oma. Unterwegs begegnete ihr der Wolf, der schon seit Tagen nichts mehr gegessen hatte und sehr hungrig war.

Übung 3:

Nach meiner Geburt lebte ich mit meinen Eltern fünf Jahre in Hamburg, wo ich auch in den Kindergarten ging. Weil ich zwei Schwestern hatte, spielte ich dort am liebsten mit Jungen. Im Herbst 1981 bekam mein Vater eine Stelle in Süddeutschland, sodass wir nach Höchstadt in die Nähe von Lautersheim umzogen, wo ich dreizehn Jahre lang die Schule besuchte. Nachdem ich vier Jahre auf die Grundschule gegangen war, besuchte ich neun Jahre lang das Gymnasium in Lautersheim. Obwohl ich nicht sehr fleißig war, bekam ich gute Noten und galt als ein guter Schüler. Ich lernte nicht so viel, denn ich interessierte mich vor allem für meine Hobbys: Fußball und Musikhören. Nachdem ich im Sommer 1994 das Abitur gemacht hatte, wollte ich mit dem Studium beginnen. Obwohl ich eigentlich Chemiker werden wollte, studierte ich schließlich Philosophie. Bevor ich mit dem Studium beginnen konnte, musste ich aber zur Bundeswehr gehen.

Übung 4:

In Stockach ist letzte Nacht ein Bankeinbruch verübt worden. <u>Dabei</u> entstand erheblicher Sachschaden. Der Täter drang durch ein Fenster in das Gebäude ein, <u>danach</u> suchte er im Kassenraum nach Geld. Da er <u>dort (da) nichts</u> fand, öffnete er mit Gewalt die Tür zum Tresorraum. Da er auch <u>dort</u> kein Geld fand, versucht er das Bankgebäude unbemerkt wieder zu verlassen. Doch <u>inzwischen</u> hatte die Alarmanlage bei der nächsten Polizeistation Alarm ausgelöst. So wurde der Täter, als er die Bank wieder durch das Fenster verließ, von der Polizei in Empfang genommen und verhaftet.

Übung 5:

Carcassonne, den 12. November 1999

Lieber Michael,
vielen Dank für deinen letzten Brief. Entschuldige bitte, dass ich dir so lange nicht geschrieben habe, aber die letzten Wochen waren sehr anstrengend. Meine Firma hat ein Geschäft in Carcassonne eröffnet und ich hatte die Möglichkeit, dort Geschäftsführer zu werden. Also musste ich umziehen. Meine Arbeit war am Anfang sehr anstrengend und so kam ich natürlich in den ersten Monaten nicht zur Ruhe; aber sie macht Spaß.
Meine neue Wohnung liegt ganz ruhig und ich sehe vom Balkon die Pyrenäen. Ich habe auch ein kleines Gästezimmer, wo ich Besuch unterbringen kann. Ich freue mich schon darauf, dass du mich einmal besuchst.
Carcassonne ist im Vergleich zu Marseille natürlich eine kleine Stadt, sodass mir in meiner Freizeit manche Unterhaltung fehlen wird. Aber die Stadt ist ruhiger und die Luft natürlich sauberer.
Weihnachten steht vor der Tür und da werde ich für ein paar Tage meine Eltern in Paris besuchen. Aber ich möchte auch bald meinen ersten Ausflug in die Pyrenäen machen.
Ich hoffe bald von dir zu hören und ich grüße dich herzlich!
Dein(e) ...

Übung 6:

Brief 1
(zum Beispiel: A = Marianne, B = Philippe, C = Anne, D = Lyon)

Reims, den 8. April 2000

Liebe(r) ...,
vielen Dank für deinen letzten Brief. Es freut mich, dass du wieder ganz gesund bist.
Letztes Wochenende habe ich Marianne und Philippe besucht. Erinnerst du dich noch an die beiden? Sie wohnen jetzt in Lyon. Marianne steht kurz vor ihrem Examen. Philippe arbeitet noch immer bei der Bank, aber er sucht eine andere Stelle, denn die Arbeit gefällt ihm nicht mehr. Die beiden haben ein kleines Töchterchen, das fast ein halbes Jahr alt ist. Die Kleine heißt Anne und ist sehr süß. Aber sie kann auch ganz schön schreien. Es war ein schöner Tag und ich soll dich herzlich grüßen.
Übrigens, ich habe ein neues Hobby: Ich habe mir ein gebrauchtes Surfbrett gekauft und lerne jetzt Windsurfen. Das macht viel Spaß, ist aber nicht ganz einfach, weil der Wind am Meer oft sehr stark weht.
Ich hoffe, ich sehe dich sehr bald wieder in meiner Heimat.
Viele liebe Grüße
dein(e) ...

Brief 2
(Zum Beispiel: A = Kairo)

Kairo, den 14.2.2000

Liebe(r) ...,
vor einigen Tagen habe ich deine Adresse wiedergefunden. Erinnerst du dich noch an mich und an das Restaurant in Kairo, wo wir uns kennen gelernt haben? Du hast am Nebentisch gesessen und konntest die Speisekarte nicht lesen, so habe ich sie dir erklärt. Nach dem Essen sind wir dann noch zusammen in der Altstadt spazieren gegangen.

Ich erinnere mich noch, dass du an einer Hochschule für Landwirtschaft studierst. Ich habe dieses Jahr meinen Militärdienst beendet und will jetzt auch Landwirtschaft studieren, und zwar in Deutschland. Deshalb möchte ich dich um einige Informationen bitten: Welche Fächer werden an deiner Hochschule unterrichtet? Gibt es in der Nähe auch Bauern, bei denen man ein Praktikum machen kann? Wie muss ich mich einschreiben und was kostet das Studium im Jahr? Wie sind die Preise bei euch? Ich habe nicht so viel Geld zur Verfügung und suche deshalb ein billiges Zimmer. Schreibe mir bald!
Sei herzlich gegrüßt
dein(e) ...

Brief 3

Bursa, den 4.8.1999

Liebe(r) ...,
ich schreibe diesen Brief im Bett! Habe ich ein Pech! Du weißt doch, dass ich so gern Biologie studieren möchte, und deshalb bereite ich mich seit längerer Zeit auf die Aufnahmeprüfung vor. Aber vor drei Wochen bin ich plötzlich krank geworden! Ich hatte hohes Fieber und der Arzt wusste auch nicht genau, was mir fehlt. Es war wahrscheinlich ein Virus, aber zum Glück musste ich nicht ins Krankenhaus. Inzwischen geht es mir viel besser, doch ich fühle mich immer noch schwach und bleibe noch zu Hause.
Meine ganzen Prüfungsvorbereitungen sind durch diese blöde Krankheit natürlich durcheinandergekommen. Ich hatte mit ein paar Freunden zusammen gelernt, aber die sind jetzt natürlich viel weiter als ich. Ab nächstem Montag will ich wieder ganz intensiv arbeiten. Eigentlich wollte ich noch ein paar Tage Urlaub machen, aber das geht jetzt natürlich nicht, denn die Prüfung ist wichtiger.
Das in Kürze von mir. Ich freue mich auf unser Wiedersehen im Sommer, nach hoffentlich erfolgreicher Prüfung!
Herzliche Grüße
dein(e) ...

41. Ausdrucksweisen in Briefen

Übung 1:

Persönlicher Brief

Luzern, den 17.03.2000

Liebe Carmen
Heute will ich dir nur ganz kurz schreiben, damit du die wichtigste Neuigkeit weißt: Nach langem Suchen habe ich eine Lehrstelle gefunden, und zwar als Bankkauffrau! Das war ja schon immer mein Wunsch! Das Suchen und Warten hat sich also gelohnt.
Ich hoffe, es geht dir gut. Bald folgt ein ausführlicher Brief!
Herzliche Grüße
deine Inga

Offizieller Brief

Ingrid Bauer
Züricher Gasse 7
6003 Luzern

GroßBank AG
Postfach 1928
6003 Luzern

Luzern, den 17.03.2000

Meine Bewerbung. Ihr Schreiben vom 13.03.2000

Sehr geehrte Damen und Herren
Anbei schicke ich Ihnen das noch fehlende Zeugnis. Ich hoffe, dass eine beglaubigte Kopie ausreicht.
Mit freundlichen Grüßen
Ingrid Bauer

Übung 2:

a.

(Ihr Absender)

Büromaterial-Versand FEDER
Alter Postweg 35
68307 Mannheim

Bestellung

Sehr geehrte Damen und Herren,
hiermit bestelle ich 50 Pakete KP87W Kopierpapier weiß, das Paket zu € 2,79.
Mit freundlichen Grüßen
...

b.

(Ihr Absender)

Glücksstern-Verlag
Tell-Allee 91
8005 Zürich

Abonnement

Sehr geehrte Damen und Herren,
hiermit möchte ich Ihre Zeitschrift *Ich und mein Schicksal* abonnieren.
Mit freundlichen Grüßen
...

c.

Stadttheather
Abt. Öffentlichkeitsarbeit
Konstanz
Fax: 0 75 31 / 13 00 - 55

(Ihr Absender)
(Ihre Faxnummer)

Zusendung Ihres Spielplans

Sehr geehrte Damen und Herren,
hiermit bitte ich Sie, mir den aktuellen Spielplan Ihres Theaters zuzusenden.
Besten Dank im Voraus!
Mit freundlichen Grüßen
...

42. Auf einen Brief / eine Anzeige reagieren

Übung 1:

2. Es tut mir leid, dass du dir den Arm gebrochen hast.
3. Ich möchte Ihnen noch mitteilen, dass ich umgezogen bin. Meine neue Adresse lautet: ...
4. Es freut mich riesig, dass ihr heiraten wollt.
5. Nun möchte ich noch auf deine Frage nach der Arbeitslosigkeit hier eingehen. Um es kurz zu sagen: Sie ist sehr hoch! ...
6. Du schreibst, dass du Probleme mit dem Rücken hast. Da solltest du dringend zur Krankengymnastik gehen.

Übung 2:

1. ... Wie du schreibst, liest du in letzter Zeit viel. Was für Bücher liest du denn? Sachbücher oder Romane?
2. ... Es freut uns, dass Sie nach Kanada kommen wollen. Und Sie haben Glück! Gute Freunde von uns, die ganz in der Nähe wohnen, suchen für nächstes Jahr ein Au-pair-Mädchen.
3. ... Ich gratuliere dir ganz herzlich zur bestandenen Prüfung! Jetzt stehen dir ja alle Wege offen. Aber mach zuerst einmal richtig Urlaub! Du hast so viel gelernt!
4. ... Schade, dass ihr jetzt doch nicht nach Griechenland kommen könnt. Ich hatte schon ein paar schöne Reiseziele für euch gefunden.
5. ... Du möchtest wissen, ob man hier leicht ein Auto mieten kann und was das kostet. Mietautos gibt es viele und sie sind auch ziemlich billig (ungefähr PREIS pro Tag). Ob dein Führerschein hier gültig ist, weiß ich allerdings nicht. Ruf doch einfach bei unserer Botschaft an, die müssen das ja wissen.
6. ... Was macht Ihre Gesundheit? Geht es Ihnen inzwischen wieder besser? Ich wünsche auf alle Fälle gute Besserung. Was das Computer-Programm anbelangt, so machen Sie sich keine Sorgen: Ich brauche es nicht so dringend!

Übung 3:

a.

Du schreibst, dass du in einer Woche deine letzte Prüfung hast. Da wünsche ich dir, dass alles ganz prima klappt. Wie du in deinem letzten Brief auch schreibst, willst du mich nächsten Sommer besuchen. Das finde ich ganz toll. Wann willst du denn kommen? Und wie lange willst du bleiben?

Sicher regnet es bei uns auch nicht so viel wie bei euch. Konntest du denn überhaupt im See schwimmen gehen, wenn es bei euch so viel geregnet hat?

Du erzählst von der tollen Party bei deinem Freund Michael. Schade, dass ich nicht dabei sein konnte. Ihr habt bestimmt viel Spaß gehabt.

b.

... Wie Sie schreiben, geht Ihre Tochter jetzt in die Schule. Wie die Zeit vergeht! Als ich das letzte Mal in Wien war, war sie noch ein kleines Kindergartenmädchen.

Und wie geht es Ihnen? Ihr letzter Brief klang ja gar nicht sehr erfreulich. Ich konnte es gar nicht glauben, dass Sie jetzt arbeitslos sind. Aber was will man machen, wenn die Firma pleitegeht?

Sie schreiben, dass Sie in letzter Zeit schlecht schlafen. Das kenne ich; auch ich habe lange Zeit unter Schlaflosigkeit gelitten. Ich habe da einen Tipp: Hören Sie abends vor dem Schlafen eine halbe Stunde lang ruhige Musik! Bei mir hat das geholfen.

Als ich von Ihrem Unfall las, bin ich richtig erschrocken. Zum Glück ist Ihnen nicht viel passiert. Man kann selbst ganz vorsichtig fahren, aber wenn ein anderer nicht aufpasst, dann hat man trotzdem einen Unfall.

Übung 4:

2. ... Vielen Dank für deine Frage nach meiner Gesundheit. Es geht mir inzwischen besser, aber ich fühle mich noch schwach und habe auch ab und zu noch Schmerzen. In einer Woche kann ich wieder nach Hause. Ich rufe dich dann an. ...
3. ... Du fragst, warum ich mich so lange nicht gemeldet habe. Ich musste mir ganz plötzlich eine neue Stelle suchen, weil meine Firma pleite ging. Natürlich war es nicht einfach, hier in der Gegend etwas zu finden. Die ganze Angelegenheit hat mich doch ziemlich beschäftigt. Aber meine Bemühungen waren erfolgreich. ...
4. ... Ihre Frage nach einer neuen Stelle kann ich leider noch nicht positiv beantworten. Es ist sehr schwierig, in meinem Bereich eine gute Arbeit zu finden. Und ich bin auch nicht mehr der Jüngste. Wissen und Erfahrung zählen heute oft weniger als das „richtige" Alter. ...
5. ... Sie möchten wissen, ob ich noch dazu komme, Deutsch zu sprechen. Zurzeit leider selten. Aber in unser Nachbarhaus zieht nächsten Monat eine deutsche Familie ein und da werde ich natürlich gleich Kontakt aufnehmen. Die Leute sind für mehrere Jahre geschäftlich hier. ...
6. ... Nun noch zu meiner Ankunft: Ich komme direkt mit dem Flugzeug nach München; geplante Ankunftszeit: am 12.8. um 17.43 Uhr. Ein deutscher Freund wird mich abholen; Sie brauchen wegen mir also nicht zum Flughafen zu kommen. Mein Freund wird mich zu meiner Unterkunft bringen. ...

Übung 5:

1. (Ort und Datum) 2. Sehr geehrte Damen und Herren 3. Ich habe vor 4. Zunächst würde ich gerne wissen 5. Sie erwähnen in Ihrer Annonce 6. Bitte teilen Sie mir auch mit 7. Es wäre schön 8. Mit freundlichen Grüßen

Übung 6:

1. (Ort und Datum) 2. Ich freue mich immer 3. Ich wusste gar nicht 4. Sie fragen nach 5. Wie Sie schreiben 6. Ich habe eine Frage 7. Dann interessiert mich natürlich 8. Sie möchten wissen 9. Dann fragen Sie 10. Soviel ich weiß

43. Briefe schreiben

Übung 1:

(Ort, Datum)

Lieber Udo,

vielen Dank für deine E-Mail! Ja, jetzt können wir uns auch E-Mails schicken. Allerdings habe ich nur im Geschäft einen Anschluss, zu Hause noch nicht.

Ich habe lange nichts von mir hören lassen – ich habe nämlich vor einer Woche geheiratet.

Mein Mann heißt Juan. Wir haben uns letztes Jahr in den Ferien kennen gelernt. Wir haben damals beide an einem Surfkurs teilgenommen.

Juan ist Bankangestellter und 32 Jahre alt. Er hat dunkle Haare, ist groß und schlank und ist ein fröhlicher Mensch. Er hört viel Musik und tanzt sehr gerne.

Letzten Samstag haben wir in einer kleinen Kirche in der Nähe unserer neuen Wohnung geheiratet. Natürlich waren alle Verwandten und Freunde dabei. Anschließend fuhren wir in ein Restaurant am Stadtrand, wo wir bis spät in die Nacht gefeiert haben. Es war so ein schöner Tag!
Ich lege ein Foto von uns beiden bei. Wann besuchst du uns einmal?
Viele Grüße
Marita

Übung 2:

(Datum)

Lieber Ingo,
das ist ja eine tolle Überraschung! Du willst wirklich hier studieren? Ich kann es kaum glauben! Da können wir viel zusammen unternehmen! Aber nun zu deinen Fragen.
Ich empfehle dir die Universität in ... (Stadt). Dort gibt es nämlich ein bekanntes Institut für internationales Recht. Aber das ist nicht alles. In ... (Stadt) lebt eine Tante von mir. Sie hat ein großes Haus in der Nähe der Universität und am besten ist es, wenn du bei ihr wohnst. Sie ist eine sehr nette Frau. Sie hat zwei Kinder in unserem Alter, die auch in ... (Stadt) studieren – das ist optimal für dich. Du hast gleich Kontakte und so lernst du auch schnell andere Studenten kennen.
... (Stadt) ist eine schöne alte Stadt, nicht weit von den Bergen entfernt. Man kann von dort aus schöne Ausflüge unternehmen. Natürlich wirst du auch öfter zu mir kommen; da kannst du dann auch das typische Großstadtleben kennen lernen.
Das für heute. Schreib mir Genaueres über deine Pläne!
Herzliche Grüße
...

Übung 3:

(Ihr Absender)

DEW-Bildungsreisen
Hannoversche Straße 48
D – 68397 Mannheim

(Datum)

Bildungsreise durch Deutschland

Sehr geehrte Damen und Herren,
ich beziehe mich auf Ihre Annonce in der WEST-PRESS, in der Sie für eine Bildungsreise durch Deutschland werben. Ich interessiere mich für diese Reise und habe einige Fragen dazu: Zunächst bitte ich Sie, mir den Termin der Reise mitzuteilen. Wie verläuft die Anreise nach Deutschland? Mit Bus, Bahn oder Flugzeug? Welches Verkehrsmittel wird in Deutschland benutzt? Wie groß ist die Reisegruppe?
Bitte teilen Sie mir weiterhin Einzelheiten über Reiseroute und Unterbringung mit. Vielleicht können Sie mir einen Plan mit den Städten und Sehenswürdigkeiten zuschicken, die besichtigt werden.
Schließlich möchte ich Sie bitten, mich über die Kosten der Reise zu informieren. Dabei interessiert mich vor allem, welche Leistungen im Preis enthalten sind und was zusätzlich an Kosten auf mich zukommt (Eintritte, Essen, Getränke usw.).
Für eine schnelle Antwort danke ich Ihnen im Voraus.
Mit freundlichen Grüßen
...

Übung 4:

(Ort, Datum)

Lieber Herr Weniger,
vielen Dank für Ihren letzten Brief. Heute möchte ich endlich von meiner neuen Stelle berichten.
Es hat geklappt mit meinem Traumjob! Seit Anfang Juli bin ich bei einer Maschinenfabrik beschäftigt. Es handelt sich um eine Stelle in der EDV-Abteilung. Die Stelle habe ich über eine Annonce in der Zeitung gefunden. Von Anfang an schien das mein Traumjob zu sein.
Ich schreibe Programme für die Steuerung der Maschinenanlagen. Dabei muss ich natürlich eng mit der Produktionsabteilung zusammenarbeiten. Die Arbeit ist sehr verantwortungsvoll, denn von meinen Programmen hängt es weitgehend ab, ob die Anlagen ohne Probleme laufen.
Mit der Stelle bin ich sehr zufrieden. Ich habe nette Kollegen und Kolleginnen, verdiene gut und das Betriebsklima ist sehr angenehm.
Wegen der neuen Stelle kann ich dieses Jahr keine große Urlaubsreise machen und so wird auch aus meinem Deutschlandbesuch nichts. Aber hoffentlich nächstes Jahr ...
Herzliche Grüße
Ihr(e)
...

Übung 5:

(Ihr Absender)

kosmos-Bildungswerk
Goethestraße 41A
D – 78333 Stockach

(Ort und Datum)

Ihr Schreiben vom 27.04.2000 – Kurzbericht

Sehr geehrte Frau Dr. Fröhlich,
im Folgenden sende ich Ihnen den gewünschten Kurzbericht.
Sprachkurs. Der Kurs entsprach insgesamt meinen Erwartungen. Der Kursleiter war sehr engagiert und ich habe mein Deutsch in den zwei Monaten sehr verbessern können. Allerdings meine ich, dass die Gruppe mit 23 Teilnehmern etwas groß war.
Unterkunft. Mit der Unterkunft war ich nicht ganz zufrieden. Das sehr schöne Zimmer (groß, hell, Zentrumsnähe) war leider sehr laut, da es an einer Straße mit viel Verkehr lag.
Kontakte. Durch die Unterbringung in einer Familie hatte ich interessante Kontakte zu Deutschen. So habe ich viel über Mentalität und Lebensweise der Deutschen erfahren. Das war sehr interessant. Mit meiner Gastfamilie stehe ich weiterhin in engem brieflichem Kontakt.
Ausflüge: Das Rahmenprogramm fand ich sehr gut. Vor allem durch die einwöchige Reise nach Berlin habe ich viel über deutsche Geschichte und Kunst erfahren. Aber wir haben dabei auch das heutige Deutschland kennen gelernt.
Insgesamt war der Aufenthalt in Deutschland ein großer Gewinn für mich und ich möchte mich hiermit noch einmal für das Stipendium bedanken.
Mit freundlichen Grüßen
...

Mündlicher Ausdruck

45. Szenario 1: Alltagsgespräche

Übung 2:

Was?	Zeile
Zufriedenheit mit dem Arzt zeigen	6
Wünsche für die Gesundheit aussprechen	30
ein Kompliment machen	25
Zweifel ausdrücken	22
ungeduldig sein	1/3

Was?	Zeile
erschrocken/entsetzt sein	16
nach der Krankheit fragen	10/14
jemanden beruhigen	13
Hoffnung ausdrücken	27
Kontakt aufnehmen	1

Übung 4:

1. Beruf: 2, Familie: 3 – 2. Familie: 1, Kinder: 3 – 3. Gesundheit: 3, Politik: 1

Übung 6:

1	2	3	4	5	6	7	8	9	10
j	h	e	a	f	b	g	i	c	d

46. Exkurs: Partikeln

Hinweis: Diese Übungen mit Lösung können Sie sich auch auf der CD bzw. Kassette zum Übungsbuch anhören.

Übung 2:

2. denn 3. doch 4. doch mal 5. doch nicht 6. auch

Übung 3:

2. schon 3. überhaupt 4. bloß 5. eben 6. eigentlich

Übung 4:

1. Schon 2. doch 3. einfach 4. Gerade

Übung 5:

1. auch 2. bloß 3. doch 4.doch 5. überhaupt

Übung 6:

2. Wann bist du eigentlich gestern Abend nach Hause gekommen? (*Der Sprecher möchte etwas wissen.*) 3. Du hast doch die Prüfung bestanden? (*Der Sprecher erwartet es.*) 4. Zieh bloß warme Klamotten an, es ist saukalt draußen. (*Der Sprecher betont es.*) 5. Warum kommen Sie morgen Abend nicht mit? Sie tanzen doch so gerne! (*Der Sprecher nennt einen Grund für seine Frage.*) 6. Ich bin vier Wochen nicht zur Ruhe gekommen. Das war vielleicht ein Stress. (*Der Sprecher betont es.*) 7. Hab keine Angst. Er wird schon aufpassen. (*Der Sprecher vermutet es.*) 8. Sie können ruhig „Peter" zu mir sagen. (*Der Sprecher findet das unproblematisch.*)

Übung 7:

1. doch wohl 2. denn 3. schon 4. doch 5. eben

47. Szenario 2: Jemanden um einen Gefallen bitten

Übung 1:

	Zeilen
Sie begrüßen sich und eröffnen das Gespräch.	1– 2
Florian bittet Frau Leinauer darum, die Blumen zu gießen, und Frau Leinauer stimmt zu.	8–11
Florian bittet Frau Leinauer darum, seinen Vogel zu sich zu nehmen, was sie ablehnt, aber sie schlägt etwas anderes vor. Darauf einigen sie sich.	16–20
Florian bedankt sich und verabschiedet sich.	28–29

Übung 3:

Situation 2: Ach, Marianne, ich habe eine ganz große Bitte: Am Freitag ist doch meine Party und du hast doch so tolle CDs. Könntest du da welche mitbringen?
Situation 3: Herr Weiß, ich bin so unter Druck: Könnten Sie eventuell heute meine Post erledigen?
Situation 4: Ich hab' da noch eine Bitte, Frau Sterk: Können Sie vielleicht meinen Briefkasten leeren, während ich weg bin?

Übung 4:

Situation 2: Natürlich bringe ich CDs mit. Ich hab da ein paar ganz neue!
Situation 3: Ja, das mache ich. Ich muss nur noch zwei Rechnungen schreiben.
Situation 4: Aber selbstverständlich, Frau Hermann. Das geht in Ordnung.

Übung 5:

Situation 2: Du, es ist überhaupt noch nicht sicher, ob ich kommen kann. Aber frag doch mal Norbert, der hat auch gute Musik.
Situation 3: Tut mir leid, das ist unmöglich. Ich muss bis heute Nachmittag die Projektplanung fertig stellen, da hab' ich keine freie Minute.
Situation 4: Tut mir leid, Frau Hermann, aber ich fahre selbst ein paar Tage weg. Aber ich kann es meiner Tochter sagen, die schaut nach meinen Blumen und auch dem Briefkasten.

48. Szenario 3: Sich beschweren

Übung 1:

	Zeilen
Sie begrüßen sich und eröffnen das Gespräch.	1– 3
Frau Engel beschwert sich.	4
Herr Willburger gibt Frau Engel die Schuld daran, dass die Waschmaschine nicht funktioniert. Frau E. weist das zurück.	11–13
Frau Engel verlangt, dass Herr Willburger die Maschine noch einmal repariert.	15
Herr Willburger sagt, dass das schwierig ist, und schlägt eine Alternative vor. Frau Engel kann das nicht akzeptieren und Herr Willburger stimmt schließlich zu.	16-20
Frau Engel ist zufrieden, sie verabschiedet sich.	29

Übung 3:
Situation 2: Du, Hermann, um ehrlich zu sein: Das Bild gefällt mir überhaupt nicht. Kannst du es nicht in dein Büro hängen?
Situation 3: Also, Peter, so geht das nicht. Du kannst doch nicht ins Schwimmbad gehen, wenn du so viel zu lernen hast!
Situation 4: Hier ist Krantz. Guten Tag, Herr Gabert. Sie hatten doch gestern mein Auto zur Reparatur. Jetzt sehe ich, dass es immer noch Öl verliert. Wie ist denn das möglich?
Situation 5: Sehen Sie mal hier, der Fleck ist aber nicht weggegangen. Können Sie da noch mal was machen?

Übung 4:
Situation 2: Na ja, ich schau mal, ob es anderswohin passt. Ich finde es ja auch nicht so toll, aber du weißt ja, es ist von meinen Eltern.
Situation 3: In Ordnung, du hast ja Recht. Dann lerne ich jetzt erst für die Tests morgen. Ich hab halt keine Lust.
Situation 4: Das müssen wir nachprüfen. Am besten, Sie bringen den Wagen noch mal vorbei.
Situation 5: Aber selbstverständlich! Lassen Sie den Mantel noch mal hier, ich bringe das in Ordnung.

Übung 5:
Situation 2: Das geht nicht, da habe ich keinen Platz mehr. Jetzt warte doch erst einmal, du gewöhnst dich bestimmt an das Bild.
Situation 3: Warum denn nicht? Außerdem hab ich doch gestern schon so viel gelernt, ich kann doch schon alles.
Situation 4: Das ist doch gar nicht möglich! Wir haben alles kontrolliert. Gestern hat das Auto kein Öl verloren.
Situation 5: Tut mir leid, aber wir haben alles versucht. Der geht nicht weg. Was haben Sie denn da gemacht?

49. Szenario 4: Dienstleistungsgespräch

Übung 1:

	Zeilen
Sie begrüßen sich und eröffnen das Gespräch.	1– 2
Zunächst wird der Kaufwunsch geklärt; dabei beschreibt der Kunde das Kleidungsstück, eventuell stellt die Verkäuferin Nachfragen.	5– 7
Dann werden Kleidungsstücke gezeigt und kommentiert.	9–18
Es werden die Änderung am Kleidungsstück und die Abholung des Kleidungsstücks besprochen.	19–24

Übung 3:
Situation 1: Können Sie mir bitte sagen, wo hier die Fleischabteilung ist?
Situation 2: Herr Ober, bitte noch ein Glas Apfelsaft.
Situation 3: Entschuldigen Sie, fährt der 55er nach Waldhof?
Situation 4: Ich suche eine Eisenbahn, eine elektrische. Was gibt es denn da?
Situation 5: Können Sie mir bitte sagen, wann der Film „Jeden Tag" beginnt.
Situation 6: Bitte, wo finde ich hier Schokolade?
Situation 7: Ich möchte am Donnerstag um die Mittagszeit in Bern sein. Mit welchem Zug muss ich denn da fahren?

Übung 4b:
Situation 2: Na ja, vor allem Briefe, aber auch Tagebuch, kleinere Glückwunschkarten usw.
Situation 3: Guten Tag. Würden Sie mir bitte sagen, wann heute die Abendvorstellung beginnt?
Situation 4: Kaum. Höchstens dienstags und donnerstags am Nachmittag.
Situation 5: Etwas Dunkles, vielleicht blau oder braun, in Größe 42.
Situation 6: Ich habe aber einen Orangensaft bestellt. Können Sie den bitte umtauschen?

50. Szenario 5: Um Rat bitten, einen Rat geben

Übung 1:

	Zeilen
Frau Swoboda und Karola begrüßen sich und eröffnen das Gespräch.	1– 2
Karola stellt die Frage dar, um die es geht: dass sie Dolmetscherin werden will.	14
Frau Swoboda äußert sich dazu, stellt Fragen und hat Einwände.	15–26
Frau Swoboda gibt einen konkreten Ratschlag und sagt zu, ihr weiter zu helfen.	28–30

Übung 3:
Situation 1: Darf ich Sie etwas fragen? Ich möchte mir einen Computer kaufen, weiß aber nicht genau, worauf ich da achten soll. Können Sie mir vielleicht ein paar Tipps geben?
Situation 2: Du, ich wollte dich mal ein paar Dinge fragen. Ich will im Sommer nach Portugal fahren, weiß aber nicht, wie es da ist. Kannst du mir ein paar Ratschläge geben?
Situation 3: Frau Horn, ich will jetzt endlich schauen, dass mein Deutsch besser wird. Haben Sie eine Idee, was ich da machen kann?
Situation 4: Du, und jetzt hat der mich doch wirklich gefragt, ob wir nicht mal zusammen tanzen gehen. Was soll ich denn machen? Mit dem will ich auf keinen Fall gehen.
Situation 5: Also, Frau Gütlich, ich wollte Sie mal um einen Rat bitten: Ich arbeite jetzt schon einige Jahre hier und bin der Meinung, dass ich zu wenig verdiene. Was würden Sie denn da tun?

Übung 4:
Situation 2: Du solltest lieber etwas Richtiges machen; beim Lotto gewinnt man doch sowieso nie!
Situation 3: Also, wenn du mich fragst, solltest du die Reise nach Island machen. Möbel kannst du dir immer noch kaufen, aber nach Island kommst du nicht so bald wieder.
Situation 4: Ich an deiner Stelle würde die Leute einfach mal darauf ansprechen. Die sind doch nett, die verstehen das bestimmt.
Situation 5: Du solltest ihn einfach mal anrufen. Einer muss doch den ersten Schritt tun.

51. Szenario 6: Jemanden einladen

Übung 1:

	Zeilen
Sie begrüßen sich und eröffnen das Gespräch.	1– 2
Anne lädt Maria ein.	11–13
Maria nimmt die Einladung an, falls ihr Mann Peter kann.	16–17
Sie sprechen über die Durchführung des Besuchs.	22–25
Sie verabschieden sich und beenden das Gespräch.	28–29

Übung 3:

Situation 1: Ach, Frau Renner, ich wollte Sie und Lucia zum Geburtstag von Philipp einladen. Er wird vier.
Situation 2: Warum ich eigentlich anrufe: Ich will mein Abitur so richtig feiern. Und da darfst du natürlich nicht fehlen. Du kommst doch, oder?
Situation 3: Es soll etwas ganz Besonderes werden. Deshalb feiern wir in einem Hotel. Wie sieht's bei euch aus? Könnt ihr kommen?
Situation 4: Wir wollten Sie und Ihren Mann schon lange einmal zum Essen einladen. Wie wäre es nächsten Samstagabend? Oder haben Sie da schon etwas anderes vor?
Situation 5: Du, Mama, jetzt, wo ich Ferien habe, müsst ihr unbedingt mal wieder für ein paar Tage kommen. Wann klappt es denn bei euch?

Übung 4:

Situation 2: Klar komme ich. Wer kommt denn noch?
Situation 3: Natürlich. Schickst du noch eine E-Mail, wo das Hotel genau ist?
Situation 4: Nein, da haben wir noch nichts vor. Vielen Dank, wir kommen gerne! Wo wohnen Sie denn?
Situation 5: Wir kommen gern, vielleicht nächste Woche, da könnten wir kommen. Aber wird es dir auch nicht zu viel?

Übung 5:

Situation 2: Das ist dumm, aber bei mir klappt es nicht. Genau in dieser Woche bin ich in Oberstdorf beim Skifahren.
Situation 3: Du, leider können wir nicht dabei sein. Peter hat am nächsten Tag eine Geschäftsreise, die kann er nicht absagen.
Situation 4: Das tut mir leid, aber am Samstagabend haben wir schon etwas vor. Aber ein andermal kommen wir gern.
Situation 5: Zur Zeit gar nicht. Papa fühlt sich nicht so gut, du weißt schon, bei dem Wetter. Da ist die Fahrt für ihn zu anstrengend.

52. Szenario 7: Meinungsaustausch

Übung 1:

	Zeilen
Sie äußern ihre Meinung.	4
Sie fragen nach der Meinung des anderen.	5– 6
Sie reagieren auf die Meinungsäußerung des anderen	12–14
– zustimmend	23–25
– ablehnend	15–20
– abwägend.	32–36

Übung 3:

Thema 2: Und was meinen Sie? Dürfen Eltern ihr Kind schlagen, wenn es etwas Schlechtes gemacht hat?
Thema 3: Finden Sie, dass Geld glücklich macht?
Thema 4: Wie wichtig ist Ihrer Meinung nach Grammatik für das Sprachenlernen?
Thema 5: Waren die Menschen früher glücklicher als heute? Was glauben Sie?

Übung 4:

Thema 2: Meiner Meinung nach dürfen Eltern ihre Kinder auf keinen Fall schlagen. Das ist doch unfair, wenn ein großer Starker einen kleinen Schwachen schlägt. Was bekommen denn da die Kinder für ein Vorbild für ihr eigenes Verhalten Schwachen gegenüber?
Thema 3: Na ja, ich weiß nicht genau. Einerseits ist es schon wichtig, man kann sich halt bestimmte Sachen kaufen. Aber ob man dadurch glücklich wird?
Thema 4: Das kommt darauf an. Wenn man einfach sprechen und sich verständlich machen will, zum Beispiel als Tourist, dann braucht man vor allem viele Wörter. Aber wenn man eine Sprache besser lernen will, zum Beispiel um zu schreiben oder selbst zu unterrichten, dann ist Grammatik schon wichtig.
Thema 5: Das glaube ich nicht. Früher gab es noch mehr Not auf der Welt, viel mehr Krankheiten, viele Babys starben, es gab große Seuchen. Nein, glücklicher waren die Menschen bestimmt nicht.

Übung 5:

Situation 2: Das finde ich auch, dann sind sie bald fertig und können anschließend spielen.
Situation 3: Da kann ich nur zustimmen. Wir sind bestimmt nicht die einzigen Lebewesen im Weltall.
Situation 4: Richtig. Meiner Meinung nach soll jeder so schnell fahren können, wie er es verantworten kann.
Situation 5: Aber natürlich. Viele Menschen haben mit 80 oder 90 noch Ideen und Pläne, die sie dann nicht mehr verwirklichen können.
Situation 6: Das meine ich auch. Durch das Fernsehen bekommen die Kinder viele Anregungen und neue Ideen.

Übung 6:

Situation 2: Da bin ich anderer Meinung. Nach der Schule sind die Kinder müde, da sollten sie sich erst einmal ausruhen.
Situation 3: Also, meiner Meinung nach gibt es keine Ufos. Wo sollen die denn überhaupt herkommen?
Situation 4: Das sehe ich ganz anders. Autobahnen sind keine Rennstrecken, die Raser gefährden nur ihre Mitmenschen.
Situation 5: Nein, das finde ich nicht. Wer in 70 oder 80 Jahren nicht getan hat, was er tun wollte, der wird es auch später nicht machen.
Situation 6: Da kann ich nicht zustimmen. Im Fernsehen kommen so viele schlechte Sendungen, das kann den Kindern nur schaden.

Transkriptionen der Hörtexte zum Testbuch

Hörverstehen 1 – Teil 1

Was machen Sie im Urlaub?

Moderator: Wir beschäftigen uns heute mit der Frage „Was machen Sie in Ihrem Urlaub am liebsten?" Hören Sie dazu drei Stellungnahmen:

Stellungnahme 1:
Für mich heißt Urlaub, möglichst weit weg und sofort. Wenn es geht, nehm ich noch am selben Abend einen Flug, damit ich am nächsten Morgen schon am Strand bin. Sonne, Meer und jede Menge Exotik, das stell' ich mir unter Urlaub vor. Und einen gut aussehenden Kerl dazu.

Stellungnahme 2:
Ich habe einen sehr anstrengenden Beruf. Ich komme oft erst um 11 Uhr nach Haus', wenn die Kinder schon im Bett sind. Da bleibt meiner Frau und mir gerade eine halbe Stunde, wo wir darüber reden können, was tagsüber so passiert ist. Also liegt mir sehr viel daran, dass es im Urlaub ganz anders ist. Deshalb bleiben wir die erste Woche immer zu Haus', wo wir all das tun können, was sonst nicht geht. Na, und dann fahren wir halt noch wohin mit unserem Wohnwagen. Da nehmen wir die Räder mit und suchen uns in Niederösterreich oder in Kärnten einen schönen Campingplatz, wo die Kinder auch ihren Spaß haben.

Stellungnahme 3:
Urlaub? So etwas kenne ich gar nicht. Ich stehe jeden Morgen um 5 Uhr auf und mache eine halbe Stunde Gymnastik und lese dann meine Zeitung. Um sieben bin ich dann in meinem Betrieb. Meine Mitarbeiter müssen sehen, dass ihr Chef sich nichts schenkt. Was ich von anderen verlange, muss ich auch selber tun. Ich kenne Kollegen, die lassen wochenlang ihren Betrieb allein und liegen irgendwo am Strand. Da wäre ich todunglücklich. Schauen Sie sich doch mal so einen Betrieb an, wie es da aussieht! Mir genügt mein Landhaus mit dem Garten am Wochenende. Da erhole ich mich besser als in so einem Luxushotel.

Hörverstehen 1 – Teil 2

Die blöde Schule

Annie: Sag mal, Benno, was machst du denn für ein Gesicht? Hast du Liebeskummer oder ist sonst etwas passiert?
Benno: Frag bloß nicht. Alles ist schrecklich. Ich habe keine Lust mehr auf die Schule. Gestern gab es eine fünf in Mathe und heute noch ′ne sechs in Französisch. Jetzt sieht es ziemlich mies aus.
Annie: Na komm! Das kriegst du doch noch hin. Du hast ja noch drei Monate, bis das Schuljahr zu Ende ist.
Benno: Ehrlich gesagt, ich hab' auch keine Lust mehr, noch drei Jahre in die Schule zu gehen. Und dann noch diese doofen Lehrer.
Annie: Die sind ja nicht alle so. Nächstes Jahr haben wir wieder andere. Die sind ja nicht alle blöd.
Benno: Ich glaube, ich höre auf mit der Schule und suche einen Job.
Annie: Du spinnst ja. Was willst du denn machen ohne Ausbildung?
Benno: Irgendwas findet man immer. Ich werd halt jobben.
Annie: Da hätte ich ein bisschen Angst. Nur wegen der blöden Schule ... Du stellst dir das so leicht vor. Außerdem hat das mit dem Jobben auch einmal sein Ende. Am Anfang ist das ja prima, wenn du plötzlich fünfzehnhundert Mark in der Tasche hast. Wenn die Wirtschaft nicht richtig läuft, dann stehst du plötzlich auf der Straße. Weißt du, wie viele Arbeitslose es im Moment gibt?
Benno: Nein.
Annie: Die meisten von denen haben nichts gelernt.
Benno: Na ja, ich hab ja noch Zeit. Irgendwas werde ich schon noch lernen.
Annie: Das solltest du dir aber überlegen, bevor du von der Schule gehst. Besser, du wiederholst das Jahr und suchst dann eine Lehrstelle. Dann kann gar nichts passieren.
Benno: Du immer mit deinem Sicherheitsdenken!
Annie: Weißt du was, Benno? Geh doch mal zum Arbeitsamt zur Berufsberatung. Die wissen genau, was sich im Moment zu machen lohnt. Und die sagen dir auch, in welchen Berufen man später die besten Chancen hat und welche Schulzeugnisse man dafür braucht.
Benno: Du hast eigentlich Recht. Das kostet ja nichts, wenn ich da mal hingehe.

Hörverstehen 1 – Teil 3

Aufgabe 10: Bahnhofdurchsage

Buchloe! Hier Buchloe! Der soeben auf Gleis 4 eingefahrene Nahverkehrszug aus Memmingen endet hier. Sie haben Anschluß zum Nahverkehrszug nach Geltendorf über Kaufering, planmäßige Abfahrt 10.32 Uhr, durch die Unterführung auf Gleis drei. Zum Eilzug nach Augsburg mit Kurswagen nach Dortmund über Stuttgart und Köln, fahrplanmäßige Abfahrt um 10.38 Uhr auf Gleis 5 auf diesem Bahnsteig gegenüber. Zum Eurocity „Bavaria" ohne Halt nach München durch die Unterführung auf Gleis drei. Zum Eilzug nach Memmingen über Türkheim mit Anschluss nach Bad Wörishofen um 10.54 auf Gleis 5.

Aufgabe 11: Telefonauskunft Museen

Grüß Gott, meine Damen und Herren. Wir geben Ihnen folgende, von der Postreklame München zusammengestellten Termine für Ausstellungen und Museen bekannt:

Staatliche Sammlung ägyptischer Kunst. Die ständige Ausstellung in der Residenz, Eingang Hofgartenstraße 1 beim Obelisk, Telefon 29 85 46, zeigt Denkmäler des ägyptischen Altertums. Öffnungszeiten: dienstags mit freitags von 9-16 Uhr, samstags und sonntags von 10-17 Uhr. Abendöffnung jeweils am Dienstag von 19-21 Uhr. Am Faschingssonntag geschlossen. Am Faschingsdienstag nur bis 12 Uhr geöffnet.

Aufgabe 12: Die Sendung „Partnersuche"

Und dann kommt der Lukas, 40 Jahre alt ist er. Er sucht 'ne nette Reisepartnerin bis 35. Im September, Oktober nach Amerika für vier Wochen. Er bietet dafür die Hälfte vom Flugticket nach San Francisco. Tolle Idee: Telefon 280 99 89. So!! Das war's! Gute Nacht noch! Alles gute noch für die Freundschaften, die heute Abend entstanden sind. Wir hören uns wieder – Frankie-Time morgen Abend um halb neun. Ciao.

Hörverstehen 2 – Teil 1

Flexible Arbeitszeiten

Moderator: Wir beschäftigen uns heute mit der Frage „flexible oder feste Arbeitszeiten". Dazu haben wir mehrere Angestellte in verschiedenen Betrieben befragt. Hören Sie hierzu drei Stellungnahmen:

Stellungnahme 1:
Bei uns im Betrieb gibt es die Gleitzeit. Das heißt, jeder Mitarbeiter kann zwischen 7 und 9 Uhr seinen Dienst antreten und ab 4 Uhr nach Hause gehen. Er muss aber 37 Stunden in der Woche zusammenbringen. Wenn er das nicht schafft oder zu viele Stunden gearbeitet hat, muss er das in einer anderen Woche ausgleichen. Die Arbeitszeit wird auf einer Chipkarte notiert. Am Ende des Monats sieht man dann, wie das Zeitkonto aussieht. Ich habe meistens zu viele Stunden, dann nehme ich später ein oder zwei Tage frei. Für mich ist das eine tolle Lösung.

Stellungnahme 2:
Also wir arbeiten im Team. Das heißt, jeder ist vom anderen abhängig. Wenn da jeder kommt und geht wie er will, kommen wir nie richtig zusammen. Es macht schon riesige Probleme, wenn einmal einer krank ist oder Urlaub macht, obwohl das schon bei der Teambesetzung mit einkalkuliert wird. Manchmal wären allerdings flexible Arbeitszeiten schon ganz praktisch. Aber so, wie es bei uns gehandhabt wird, ist das schon o.k.

Stellungnahme 3:
Ich habe den Betrieb erst vor einem Jahr von meinem Vater übernommen, der war von der alten Schule, da musste jeder Mitarbeiter pünktlich um acht Uhr da sein und keiner durfte vor fünf Uhr gehen. Er stand dann am Eingang und kontrollierte die Leute. Ich habe nun ganz vorsichtig so etwas wie flexible Arbeitszeiten eingeführt. Die Mitarbeiter waren Anfangs zum Teil begeistert, zum Teil skeptisch. Natürlich lassen sich Gewohnheiten nicht von heute auf morgen verändern, aber ich habe den Eindruck, dass wir auf einem guten Weg sind.

Hörverstehen 2 – Teil 2

Berufswahl

Vater: Angelika, hast du einen Moment Zeit?
Tochter: Ja, wenn's nicht zu lange dauert. Ich muss mich noch auf morgen vorbereiten. Wir schreiben eine Arbeit.
Vater: Wir müssen endlich mal darüber reden, was du machen willst nach der Matura. Ich muss schließlich wissen, was da so an Kosten auf mich zukommt.
Tochter: Wenn ich das nur selber wüsste! Ob ich auf die Uni kann, hängt doch von meinem Notendurchschnitt in der Matura ab. Und das weiß ich frühestens im Juli.
Vater: Hast du dir denn schon einmal Gedanken gemacht, was du studieren willst?
Tochter: So richtig noch nicht. Aber ich würde später gerne in der Wirtschaft arbeiten, wo ich mit Fremdsprachen etwas anfangen kann, am liebsten Spanisch und Russisch.
Vater: Da musst du aber doch nicht gleich auf die Hochschule. Übersetzerin oder Dolmetscherin kannst du auch so werden. Da kommt es darauf an, dass du Spanisch oder Russisch erst mal von Grund auf lernst. Da machst du am besten erst mal einige Kurse an einem Spracheninstitut.
Tochter: Nein, da sitze ich ja wieder auf der Schulbank. Mir reicht es allmählich.
Vater: Das beste wäre natürlich ein Auslandsaufenthalt. Den kann ich dir aber nicht bezahlen. Da müsstest du schon sehen, dass du nebenher was verdienst. Versuch es doch als Au-pair-Mädchen in Spanien oder Russland. Die Carola hat das doch auch gemacht.
Tochter: Und du weißt auch, wie sie die behandelt haben. Die war für die nichts als ein billiges Dienstmadel.
Vater: Und wenn schon. Es macht gar nichts, wenn du einmal ein Jahr lang siehst, wie die Welt wirklich ist. Such doch mal im Internet. Da wird doch alles Mögliche angeboten. Für Spanien oder Südamerika dürfte das gar nicht so schwer sein. Nur nach Russland würde ich vielleicht doch lieber nicht gehen.
Tochter: Was wird dann mit dem Florian, wenn ich ein ganzes Jahr weg bin?
Vater: Wenn er dich wirklich liebt, dann wartet er auch, bis du zurück bist.
Tochter: Die Idee ist wirklich nicht schlecht. Dann macht es auch nichts, wenn ich nicht gleich einen Studienplatz kriege.
Vater: Du musst auch nicht unbedingt auf die Universität. Mach doch BWL auf einer Handelsschule. Da bekommst du eine gute praxisorientierte Ausbildung zur Verwaltungsfachfrau. Und zusammen mit den Fremdsprachen brauchst du nie Angst zu haben, ohne Arbeit dazustehen.

Hörverstehen 2 – Teil 3

Aufgabe 10: Telefonauskunft

Auskunft: Auskunft, Platz 5. Mein Name ist Schneider. Was kann ich für Sie tun?
Anrufer: Guten Tag. Ich suche eine Nummer in Berlin.
Auskunft:: Wie heißt der Teilnehmer?
Anrufer: Rilken.
Auskunft: Können Sie den Namen buchstabieren?
Anrufer: Ja natürlich! Aber – Entschuldigen Sie bitte, ich habe mich geirrt! Die Dame heißt Silken, Ruth Silken mit S wie Siegfried.

Auskunft: Also Siegfried, Ida, Ludwig ...
Anrufer: Ja!
Auskunft: Tut mir leid, unter diesem Namen habe ich keinen Anschluss.

Aufgabe 11: Studenten suchen Zimmer

Sprecher A: Themen der Woche. Der zweite Beitrag: Wohnungen sind rar in der Schweiz, gerade jetzt. Genauer, es gibt zu wenig preiswerte Wohnungen. Betroffen sind, wie könnte es anders sein, auch Studenten.
Sprecherin B: Das hat es wahrscheinlich noch nie gegeben: Die Universität Freiburg hat jetzt mit einer ungewöhnlichen Aktion begonnen. An allen Litfaßsäulen der Stadt, auf Plakaten in Bussen und Straßenbahnen, in kirchlichen und amtlichen Gemeindeblättern, auf Aufklebern und 500.000 Bierdeckeln. Überall der Slogan: „Studenten suchen Zimmer. – Noch immer."
Die Universität wirbt so bei Haus- und Wohnungsbesitzern um Sympathie für Studenten.

Aufgabe 12: Gewinnzahlen vom Lottoblock

Grüß Gott, meine Damen und Herren. Der deutsche Lottoblock gibt die Gewinnzahlen der sechsten Samstagsausspielung vom 10. Februar bekannt. Die Gewinnzahlen lauten: 10, 20, 21, 38, 46, 49, Zusatzzahl 7. Die Gewinnzahl im Spiel 77 der sechsten Samstagsausspielung vom 10. Februar lautet: 6075847. Diese Angaben erfolgen ohne Gewähr.

Hörverstehen 3 – Teil 1

Am Wochenende

Moderator: Wir beschäftigen uns mit der Frage der Gestaltung des Wochenendes und haben über 20 Personen mit der Frage konfrontiert: Wie verbringen Sie gewöhnlich Ihr Wochenende?

Stellungnahme 1:
Das Wochenende ist etwas Besonderes für mich, weil mein Mann und die Kinder nicht so früh auf müssen. Da kann ich dann wenigstens am Sonntag auch etwas länger schlafen. Aber die Arbeit ist die gleiche. Wenn man für sechs Personen kochen muss, da bleibt wenig Zeit zum Ausruhen. Am Sonntagnachmittag machen wir, wenn das Wetter schön ist, eine Velo-Tour oder im Winter gehen wir auch mal in die Berge zum Skifahren.

Stellungnahme 2:
Am Samstagvormittag fahren wir meistens zum Eden Großmarkt und kaufen dann für die ganze Woche ein. Ich kümmere mich dann nachmittags um den Garten. Da gibt es Sommer wie Winter immer etwas zu tun. Um sechs Uhr nachmittags schau ich dann, dass ich vor dem Fernseher sitze, wenn die Bundesligaspiele kommen. Manchmal gehen wir dann zu den Schöfers, unseren Freunden, oder die kommen her. Am Sonntag nach der Kirche machen wir oft einen kleinen Ausflug mit dem Auto. Wir fahren halt irgendwohin zum Kaffetrinken. Und abends gibt es dann immer einen Krimi im Fernsehen.

Stellungnahme 3:
Also, ich muss jedes Wochenende raus aus der Stadt. Im Winter geht's natürlich ins Gebirge zum Skifahren, im Sommer an den Neusiedler See zum Baden. Aber ich wandere auch viel mit Freunden. Wenn ich zu Hause bleiben muss, weil das Wetter nicht mitmacht oder irgendwas zu erledigen ist, bin ich die ganze Woche unausstehlich.

Hörverstehen 3 – Teil 2

Als Rentner aktiv

Moderator: Wir beschäftigen uns heute mit alten Menschen, die sich trotz ihres Alters noch politisch engagieren. Hören Sie ein Interview.

Reporter: In Hamburg haben sich Menschen im Rentenalter zusammengetan, um die bekannte Umweltschutzorganisation „Greenpeace" bei ihren Aktivitäten zu unterstützen. Die Gruppe nennt sich „Team 50-Plus". Ich begrüße im Studio Frau Helene Weber und Herrn Gunter Bär. Guten Tag!
Frau Weber, wie alt sind Sie?
Frau Weber: 82.
Reporter: Und Sie, Herr Bär?
Herr Bär: Ich bin gerade 73 geworden.
Reporter: Da sind Sie ja noch jung im Vergleich zu Frau Weber. Was sind Ihre Gründe, in diesem Alter noch für Greenpeace aktiv zu werden?
Frau Weber: Mich hat das schon als junge Frau gestört, wie unsere Umwelt behandelt wird. Unsere Natur wird doch seit Jahrzehnten systematisch von der Industrie, aber auch von den einzelnen Menschen zerstört. Jeder, der ein Auto kauft, trägt dazu bei, dass die Luft schlechter wird. In den Flüssen gibt es kaum noch Fische, und die Nordsee wird durch Erdöl verschmutzt. Da wollte ich mich nicht auf die Politiker verlassen.
Herr Bär: Was uns alle verbindet, ist auch die Bewunderung für die jungen Leute bei Greenpeace. Das ist schon toll, wenn die einen Öltanker besetzen oder vom Hubschrauber aus sich auf das Dach einer Chemiefabrik herunterlassen.
Frau Weber: Das können wir zwar alles nicht mehr machen. Aber wir können unsere Erfahrungen einbringen und bei der Organisation der Aktionen mithelfen.
Reporter: Was haben Sie, Frau Weber, früher gemacht?
Frau Weber: Ich war Fachärztin für Lungenkrankheiten.
Reporter: Da wissen Sie natürlich, welche Gefahren für die Menschen von Industrie- oder Autoabgasen ausgehen.
Frau Weber: Eben.
Herr Bär: Ich war fast vierzig Jahre als Prokurist bei der Firma Edelbrecher und habe da so meine Erfahrungen gesammelt.
Reporter: Was machen Sie heute bei Greenpeace?
Frau Weber: Wir betreuen vor allem die Informationsstände in den Fußgängerzonen, verteilen Informationsmaterial, sprechen mit den Leuten. Außerdem schreiben wir Briefe an Politiker und an die Industrie und helfen bei der Vorbereitung der Aktionen mit.
Reporter: Ihr Alter und Ihre Erfahrung helfen sicher mit die Menschen zu überzeugen. Ich wünsche Ihnen weiterhin viel Enthusiasmus und Erfolg bei Ihren Aktivitäten, vor allem dass Sie noch lange für Greenpeace tätig sein können. Vielen Dank Frau Doktor Weber, vielen Dank, Herr Bär.

Hörverstehen 3 – Teil 3

Aufgabe 10: Anrufbeantworter

Sie haben die Telefonnummer 2012318 der Gemeinschaftspraxis Dr. Siegrun und Dr. Steffen Wander, Baaderstraße 40, gewählt. Sie erreichen uns täglich zu folgenden Sprechzeiten: Montag und Dienstag von 8.30-13.00 Uhr und von 14.00-17.00 Uhr. Am Mittwoch von 8.00-13.00 Uhr; donnerstags 9.30-13.00 Uhr und 15.00-18.00 Uhr und am Freitag von 8.30-13.00 Uhr. An den Wochenenden und Feiertagen wenden Sie sich bitte an den Zahnärztlichen Notdienst unter der Telefonnummer 723 30 93/ 723 30 93. Ende der Durchsage.

Aufgabe 11: Werbespot: Deit

Deit, Deit, trink dich frisch, halt dich schlank. Hallo, ich bin die Karin! Ich jogge fast jeden Tag, mindestens ′ne halbe Stunde. Ich will meine Figur nämlich nicht dem Zufall überlassen. Deswegen steh ich auch auf Deit. Erstens schmeckt Deit wirklich klasse, und zweitens hat′s kaum Kalorien. Ja, das bringt′s. Wär doch wirklich nicht besonders clever, die verbrauchten Kalorien wieder reinzutrinken! Deit empfehl′ ich Ihnen auch. – Deit, damit der Durst nicht dick macht.

Aufgabe 12: Durchsage im Flugzeug

Guten Tag, meine Damen und Herren. Hier spricht Ihr Kapitän, Jörg Müller. Wir möchten uns bei Ihnen entschuldigen für den verspäteten Abflug. Wegen des dichten Verkehrs über München hat uns die Flugleitung die Startgenehmigung leider nicht eher erteilen können. Wir haben inzwischen unsere Flughöhe von 29 000 Fuß erreicht und überfliegen in wenigen Minuten die Stadt Belgrad. Es geht dann weiter über Nisch, Skopje, Thessaloniki. Ich hoffe, dass wir die Verspätung aufholen können, so dass wir planmäßig in Athen landen werden. Ich wünsche Ihnen weiterhin einen guten Flug an Bord unserer Lufthansamaschine.

Hörverstehen 4 – Teil 1

Das Essen

Moderator: Wir beschäftigen uns mit der Frage, welche Rolle das Essen im Leben von verschiedenen Menschen spielt und haben über 20 Personen mit der Frage konfrontiert. Hören Sie drei Stellungnahmen dazu.

Stellungnahme 1:
Meine Mutter kommt aus dem Sudetenland im heutigen Tschechien. Also herrschte bei uns die böhmische Küche vor. Das Essen war damit die wichtigste Sache im Leben, auch in den Zeiten, wo man nicht alles bekommen konnte. Es gab kein Sonntagessen, wo nicht die ganze Familie am Tisch saß und das immer mit einer Palatschinken geendet hat. Für uns Kinder war das das Höchste. Obwohl sich vieles in unserem Leben geändert hat, lege ich großen Wert auf eine gute Küche, dass also gut gegessen wird. Auch wenn es vielleicht nicht immer gesund ist und viel kostet.

Stellungnahme 2:
Also, ich bin überzeugter Vegetarier. Fleisch oder Wurst sind bei mir verbotene Speisen. Ich kaufe auch nur in Geschäften ein, die ausschließlich Waren aus garantiert biologischem Anbau haben. Auf meinem Speiseplan stehen vor allem frische Salate und viel Gemüse. Meine Lieblingsspeise ist eine vietnamesische Gemüsequiche. Auch alle unsere Freunde sind Vegetarier. Mit Fleischessern habe ich keinen Kontakt.

Stellungnahme 3:
Mei, das Essen spielt bei mir keine so große Rolle. Ich frühstücke halt normal mit Kaffee und frischen Semmeln. Dazu gibt's Honig und Marmelade. Mittags gehe ich in die Kantine in der Firma. Da isst man gar nicht schlecht. Abends gibt es halt einen Jogurt und etwas Wurst. Am Samstagmittag gehe ich immer zum Mc Donald′s bei mir um die Ecke. Da kaufe ich mir einen Hamburger und eine Coca-Cola. Kochen tue ich ganz selten, höchstens, wenn meine Freundin mal kommt. Da machen wir uns dann Spagetti mit Tomatensauce.

Hörverstehen 4 – Teil 2

Fußballnachwuchs

Interviewerin: Wir haben heute bei uns im Studio zu Gast den Bernd Weißflog. Der Fünfzehnjährige ist seit einigen Jahren in der Jugendabteilung des Fußballklubs Borussia Dortmund. Bernd, wie oft warst du schon in einem Punktspiel eingesetzt?
Bernd: Eigentlich habe ich noch nie ein ganzes Spiel durchgespielt. Aber ich hoffe, dass ich im nächsten Jahr regelmäßig drankomme und dann auch Stammspieler werde.
Interviewerin: In einem anderen Verein hättest du doch sicher mehr Chancen, regelmäßig zu spielen.
Bernd: Ja schon! Aber es ist halt ein großer Unterschied, ob ich bei Dynamo Dresden bin oder bei Borussia Dortmund. Beim einen spiele ich regelmäßig und beim anderen habe ich die Chance zu einer Karriere.
Interviewerin: Du willst also Profi werden?
Bernd: Ja, natürlich. Wenn du bei Borussia trainierst, bist du halt auch sicher, dass das profihaft passiert. Die sagen dir auch gnadenlos, ob du Talent hast oder ob du nicht besser einen Beruf lernst.
Interviewerin: Warum versuchst du nicht Abi zu machen, damit du einen Abschluss hast?
Bernd: Ich bin ja nur auf der Hauptschule. Nicht einmal eine Lehrstelle als Maurer bekommst du heutzutage, wenn du nicht das Gymnasium gemacht hast. Zu Geld komme ich nur, wenn ich einen Bankeinbruch mache oder Fußballer werde.
Interviewerin: Aber fühlt man sich nicht manchmal als Sklave? Wenn die dich nicht mehr wollen, wirst du einfach an einen anderen Verein verkauft.
Bernd: Mir macht es nichts aus, Sklave zu sein, wenn ich fünf Millionen im Jahr verdiene. Dafür tue ich alles.
Interviewerin: Das heißt, du musst auch gesund leben: keine Zigaretten, kein Alkohol, früh ins Bett gehen und so?
Bernd: Natürlich. Ein Freund von mir, der Bruno Vranitzki, der mit mir bei Borussia angefangen hat, der ist seit letzten Monat weg vom Fenster. Der hat 20 Zigaretten am Tag geraucht und jeden Samstag war er bis in der Früh in der Diskothek. Da hat ihm der Trainer gesagt, entweder die Zigaretten oder der Fußball.

Interviewerin: Es könnte ja sein, dass es doch nicht so klappt, wie du denkst, dass dir was passiert, eine schwere Verletzung? Was machst du dann?
Bernd: Darüber hat erst neulich unser Jugendtrainer mit mir gesprochen. Die wollen mir auch helfen, eine Lehrstelle zu finden, wenn ich nächstes Jahr aus der Schule komme und einen festen Platz in der A-Jugend habe. Das ist natürlich die Bedingung. Aber ich glaube schon, dass es mit dem Fußball klappt. Wenigstens sagen die vom Verein das.

Hörverstehen 4 – Teil 3

Aufgabe 10: Alpenzerstörung

Genf. Der jährliche Ansturm von mehr als 100 Millionen Touristen gefährdet die Alpen in ihrem Bestand. Wie aus einem Bericht der Umweltschutzorganisation World Conservation Union und des internationalen Zentrums für alpine Umwelt hervorgeht, sind die Hauptfaktoren der Umweltzerstörung in den Alpen der Autoverkehr, der Skisport und der Müll.

Aufgabe 11: Wetterbericht für die Schweiz

Zum Wetter: Die Prognosen bis Freitagabend. Alpennordseite Nord- und Mittelbünden. Im Flachland zunächst wechselnd bewölkt und einzelne Schauer. Morgen Nachmittag trocken und von Westen her Aufhellung. In den Alpen und Voralpen meist stark bewölkt und zeitweise Regen. Temperaturen morgen früh bei elf, am Nachmittag bei neunzehn Grad. Die Nullgradgrenze liegt bei 3000 Metern. Wallis, Alpensüdseite und Engadin heute Abend Bewölkungsabnahme und im Süden aufkommender Nordwind. Morgen sonnig. Die weiteren Aussichten im Norden: am Samstag trotz Wolkenfeldern recht sonnig und etwas wärmer, im Süden schön. Von Sonntag bis Dienstag überall sonniges und sehr warmes Sommerwetter.

Aufgabe 12: Durchsage im Zug

Wir begrüßen die zugestiegenen Fahrgäste im Inter City Mozart 324. Die Wagen der ersten Klasse befinden sich im vorderen Zugteil. Dahinter befindet sich unser Bordrestaurant. Bitte beachten Sie noch folgenden Hinweis: Die Deutsche Bahn führt heute eine Befragung durch, um die Gewohnheiten der Fahrgäste besser kennen zu lernen. Die Forschungsgruppe Hagen wird einige der Fahrgäste befragen. Wir danken für Ihr Verständnis und bitten um Ihre Unterstützung.

Hörverstehen 5 – Teil 1

Die Rolle des Berufs

Radiomoderator: Wir beschäftigen uns heute mit der Frage der Rolle des Berufs im Leben von Menschen. Dazu haben wir an mehr als 30 Personen die Frage gestellt: Welche Rolle spielt der Beruf in Ihrem Leben? Hören Sie dazu fünf Stellungnahmen:

Stellungnahme 1:
Ich habe eine Sekretärinnenschule gemacht und nur einige Monate in einem Büro gearbeitet. Dann habe ich geheiratet, dann kamen die drei Kinder. Das ist ja auch Beruf. Eigentlich habe ich nie den Wunsch gehabt in einem Beruf tätig zu sein. Na ja, heute, wo die Kinder größer sind, denke ich manchmal schon, dass es gut wäre, wen ich eine Aufgabe hätte. Aber es muss nicht unbedingt ein Beruf sein. In der Kirche kann man sich ja auch engagieren.

Stellungnahme 2:
Der Beruf ist für mich im Moment das Wichtigste im Leben. Alles andere kommt nachher. Wer heutzutage etwas werden will, muss einfach alles in seine Ausbildung investieren. Da bleibt für Vergnügungen nicht viel Raum. Neben meinem Studium will ich auch noch einen praktischen Beruf lernen; denn die Theorie allein reicht nicht heutzutage. Erst wenn ich etwas bin, eine gute Stellung habe und auch gut verdiene, kann ich mir überlegen, ob ich eine Familie gründe.

Stellungnahme 3:
Mein Beruf als Lehrer hat mir in meinem Leben immer sehr viel bedeutet. Nicht weil ich Beamter bin und auch ganz gut verdiene, sondern weil ich es von Anfang an als eine interessante Aufgabe empfand, junge Leute auf das Leben vorzubereiten. Trotzdem habe ich versucht mich immer auch genug um meine Familie zu kümmern. Die Wochenenden habe ich immer so frei wie möglich gehalten. Natürlich, wenn es Prüfungen gab, da blieb mir gar nichts übrig als den ganzen Sonntag in meinem Zimmer zu sitzen und zu korrigieren. Aber bei aller Begeisterung für meinen Beruf, fühle ich mich heute erschöpft. Wenn man mal auf die Sechzig zugeht, spürt man eine gewisse Müdigkeit und Erschöpfung. Da fällt das Unterrichten nicht mehr so leicht.

Stellungnahme 4:
Beruf? Komm mir bloß nicht damit. Das ist etwas für geistige Grufties, für Leute, die keine Ahnung von Freiheit haben. Mich kriegen sie nicht dazu. Wenn ich Geld brauche, mache ich halt einen Job. Schließlich gibt es ja auch noch die Sozialhilfe. Der Staat lässt niemand ganz allein. Zum Essen findest du immer etwas. Mir genügt ein Bett in einer WG und ein Schrank, wo ich meine Sachen unterbringen kann. Ich muss nicht im Luxus leben, aber frei muss ich sein.

Stellungnahme 5:
Am liebsten wäre mir, wenn ich mein Hobby zum Beruf machen könnte. Ich fotografiere leidenschaftlich gern und – ich glaube auch gut. Aber das reicht nicht zum Leben. Dazu kommt noch: Viele Fotografenjobs sind alles andere als spannend. Ein Freund von mir muss jahraus, jahrein nur Bohrmaschinen fotografieren. Da bin ich schon lieber Finanzbeamter und fotografiere am Wochenende oder im Urlaub, was mir Spaß macht.

Hörverstehen 5 – Teil 2

Die Taxifahrerin

Interviewerin: In München gibt es 2.046 Funktaxis. Viele davon werden von Frauen gefahren. Helga Wiesner ist eine von ihnen. Wie alt bist du eigentlich, Helga?
Taxifahrerin: 21 werde ich in zwei Wochen.
Interviewerin: Und wie bist du dazu gekommen, als Taxlerin zu arbeiten?

Taxifahrerin: Deshalb bin ich Taxi gefahren, weil die Idee so da war schnell Geld zu machen ohne Voraussetzung - das heißt, kein Beruf ist erforderlich, nur der Führerschein und den hat jeder.
Interviewerin: Aber die Taxiprüfung?
Taxifahrerin: Ja, die Taxiprüfung, ja klar, das ist drei Wochen lernen, also nicht mal ein richtiges Examen, ein bisschen Stress, Angst vielleicht.
Interviewerin: Du wolltest schnell Geld verdienen. Warum?
Taxifahrerin: Ja, also, ich wollte unbedingt mindestens ein halbes Jahr aus Deutschland weg, ganz aus Europa. Und wenn ich das also weiter mit Kneipenjobs gemacht hätte, hätte ich wahrscheinlich drei Jahre irgendwie arbeiten müssen. Mit dem Taxifahren ging es auch wirklich schneller.
Interviewerin: Wo wolltest du denn hinfahren?
Taxifahrerin: Ah, ich wollte und ich bin nach Südamerika gefahren und ich bin da also ein gutes halbes Jahr unten geblieben. Es war toll.
Interviewerin: Wie lange bist du dafür Taxi gefahren?
Taxifahrerin: Im Oktober habe ich angefangen. Anfang Oktober, und geflogen bin ich Mitte Dezember, also weggeflogen nach Südamerika. Das waren also drei Monate.
Interviewerin: Du bist mit dem Oktoberfest sozusagen gleich richtig eingestiegen ins Taxigeschäft?
Taxifahrerin: Ja, das dachte ich auch so. Am letzten Tag habe ich endlich meinen Taxischein bekommen, und es war noch nicht mal Mitternacht, da hatte ich meinen ersten Unfall. Ein Vollidiot ist mir von der Seite in das Auto gefahren, und es gab Totalschaden. Es war also der Flop überhaupt, war überhaupt kein toller Start.
Interviewerin: Und wie ging's dann weiter?
Taxifahrerin: Ah ja, der Taxiunternehmer, der war total nett und sagte: „Kein Problem!" und am nächsten Tag bin ich halt wieder ins Auto, und dann ist nichts mehr passiert.
Interviewerin: Wie viel hast du verdient so pro Nacht, ungefähr?
Taxifahrerin: Vom Donnerstag bis Sonntag im Durchschnitt auf jeden Fall ... ja im Durchschnitt zweihundert Mark für mich.
Interviewerin: In wie viel Stunden?
Taxifahrerin: In ... das ist schwer zu sagen. Also insgesamt 12 Stunden bin ich in der Regel mit Pause gefahren. Sagen wir mal, um sechs Uhr abends Beginn der Schicht, und um sechs Uhr früh war ich wieder zu Hause. Das heißt ein, zwei Stunden Pause dazwischen. Man fährt zwischen neun und zehn Stunden im Durchschnitt.
Interviewerin: Wieso bist du nachts gefahren?
Taxifahrerin: Ich finde diesen Verkehr am Tag hier in der Stadt furchtbar. Und man kriegt halt öfters Stiche, weil weniger Verkehr und auch nicht so viele Taxis, glaub ich, nachts unterwegs sind wie tagsüber.
Interviewerin: Was ist ein Stich?
Taxifahrerin: Ein Stich ist einmal 'ne gute Fahrt. Und dann gibt's natürlich noch ganz was Tolles, das sind die Clubstiche. Und das sind halt oh ... mhm, wie soll ich das denn sagen? Das sind halt so Nachtclubs, in den Vororten. Ja, da fährt man halt die Leute raus. Und das sind halt einfach saugute Fahrten, weil die weit draußen liegen. Ich hab' mich auch gut mit den Besitzerinnen verstanden, war ganz interessant, mit denen zu reden.
Interviewerin: ... mit den Besitzerinnen?
Taxifahrerin: Ja, es gibt den Club, da wo ich meistens hingefahren bin, und da ist 'ne Frau Besitzerin und die besitzt den, managt den, sagen wir mal so, war eigentlich sehr nett.

Hörverstehen 5 – Teil 3

Aufgabe 16: Durchsage im Zug

Guten Morgen, meine Damen und Herren. Wir heißen Sie im Intercity 614 Drachenfels nach Dortmund willkommen und wünschen Ihnen eine gute Reise. Die Wagen der ersten Klasse befinden sich im hinteren Zugteil. Dort steht Ihnen auch ein Telefon zur Verfügung. Ebenfalls im hinteren Zugteil befindet sich unser Bordrestaurant. Informationen über Ankunft- und Abfahrtzeiten sowie über die Anschlüsse entnehmen Sie bitte dem „Zugbegleiter" auf Ihrem Platz.

Aufgabe 17: Autowerbung: Opel Omega

Frau: Hier kommt er, bahnt sich den Weg durch die Menge, Humphrey, bitte ein paar ...
Mann: Ich seh' dir in die Augen, Kleines.
Frau: ... ein paar Worte an unsere Hörer. Wie war Ihr erster Eindruck?
Mann: Sie haben Recht. Ich bin tatsächlich ein bisschen beeindruckt.
Frau: Also das, das war Ihre erste Testfahrt mit dem Opel? Opel Omega?
Mann: Ein Tag, den man nicht so leicht vergisst.
Frau: Ja, also der Opel Omega hat sie ...
Mann: Ich glaube, dies ist der Beginn einer wunderbaren Freundschaft.
Frau: Oh!
Sprecher: Testen Sie den Opel Omega bei Autohaus Muster in Musterstadt.

Aufgabe 18: Sorgentelefon

So, einen wunderschönen Abend und herzlich willkommen zum Sorgentelefon! Jeden Donnerstag wie gewohnt von 22 - 23 Uhr. Und in der nächsten Stunde steht Ihnen folgende Rufnummer zur Verfügung: 27 25 und dreimal die Eins. Unter dieser Rufnummer können Sie den Diplompsychologen und Psychotherapeuten aus Nürnberg, Bernd Lauschner, hier bei uns im Studio erreichen, und er wird versuchen, zu Ihren Problemen Denkanstöße zu geben. Das können Probleme sein mit Ihrem Freund, den Eltern, Probleme im Beruf, mit Kollegen, mit Freunden... Also, irgendwelche Probleme, mit denen Sie nicht mehr zurechtkommen. Hier noch einmal die Nummer: 27 25 und dreimal die Eins.

Aufgabe 19: Sportnachrichten

Guten Tag, meine Damen und Herren. Sie hören Nachrichten vom Sportinformationsdienst. Tennis: Die Deutsche Steffi Graf hat beim Grand Slam Turnier der French Open in Paris zum sechsten Mal das Endspiel erreicht. Sie trifft nach einem 6:7, 6:3, 6:4 Erfolg über ihre alte Rivalin Monica Seles aus den USA nun am kommenden Samstag auf die Weltranglistenerste, die Schweizerin Martina Hingis. Bei den Männern setzte sich im Halbfinale der Ukrainer Medwedew gegen den Brasilianer Meligeni in vier Sätzen durch. Im Finale wird er gegen den Amerikaner Andre Agassi spielen. Totomeldungen hören Sie unter der Rufnummer 1161 bzw. 0161. Ausführliche Sportnachrichten entnehmen Sie bitte der Tages- und Fachpresse.

Die nächste Ansage hören Sie am Freitag gegen acht Uhr fünfzehn. Auf Wiederhören.

Aufgabe 20: Partnersuche

Der Axel ist zweiunddreißig Jahre alt und 1,62 lang. Ja! und er hat ein blaues Auge. Nee! Blaue Augen und braune Haare und sucht eine zuverlässige Partnerin für eine lockere oder feste Beziehung, je nachdem. Heiraten ist übrigens auch nicht ausgeschlossen, sagt er. Nett und ehrlich soll sie sein, offen, tolerant, gutmütig und selbstständig. - Je, ist das viel. Kennziffer 59.

Hörverstehen 6 – Teil 1

Wohnen

Radiomoderator: Sie hören jetzt fünf Interviews zum Thema „Wohnen". Wir haben an eine Reihe von Personen die Frage gestellt: Wie würden Sie gern wohnen. Hören Sie fünf Antworten.

Stellungnahme 1:
Ich träume von einem kleinen Häuschen auf dem Land. Drei Zimmer reichen. Es kann auch ein Reihenhaus sein. Aber eine Terrasse muss es haben und einen Garten, wo ich meine ganze freie Zeit verbringen kann. Da würde ich furchtbar viele Blumen und Sträucher, aber auch Gemüse und Kräuter anpflanzen. Am schönsten wäre es natürlich, wenn da auch noch ein Wintergarten dabei wäre.

Stellungnahme 2:
Ich hätte am liebsten eine Altbauwohnung mitten in der Stadt mit vier bis fünf großen Zimmern und hoher Decke. Ich würde die Wände ganz weiß streichen lassen und ganz wenig alte Möbel hineinstellen. Keine Bilder an die Wand und nur ganz sparsam jeweils eine schöne Pflanze, möglichst exotisch. In der Nähe müssten alle wichtigen Geschäfte sein und natürlich die eine oder andere gemütliche Kneipe, so dass man kein Auto braucht. Das Problem ist nur: Solche Wohnungen sind ganz schwer zu finden und wenn, dann sind sie unbezahlbar.

Stellungnahme 3:
Mit vier Kindern bräuchte man eigentlich ein Haus mit viel Platz und einem Garten. Unsere Fünfzimmerwohnung ist einfach zu klein. Jetzt wo unsere Tochter 16 wird, kann sie nicht mehr mit ihrem Bruder in einem Zimmer schlafen. Und mit ihrer kleinen Schwester ist es auch problematisch, die ist elf Jahre jünger. So ein Haus hätten wir im letzten Jahr haben können, aber das lag weit außerhalb der Stadt. Da müßte ich jeden Tag zweimal eine Stunde die vierzig und mehr Kilometer zur Arbeit fahren. Und die Kinder würden alle ihre Freunde und Schulkameraden verlieren. Also lassen wir´s.

Stellungnahme 4:
Eine Villa stelle ich mir vor, wie das Belvedere, nicht zu weit draußen aus der Stadt. Mit einem parkähnlichen Garten und einem Schwimmbassin. Da müssten lauter antike Statuen und Gipsengerl herumstehen mit Wasserspielen und so. Innen stelle ich mir eine Flucht von Räumen vor, im Barockstil mit viel Stuck und alten Holzmöbeln aus der Kaiserzeit. Natürlich hat jedes Schlafzimmer ein eigenes Bad. Und dann würde ich jeden Monat ein Fest geben mit lauter schönen Hascherln und so.

Stellungnahme 5:
Ich suche eine gute WG in der Nähe der Uni, wo ich ein großes helles Zimmer habe und wo ich auch in Ruhe gelassen werde, wenn ich arbeiten muss. Schön wäre natürlich ein netter Gemeinschaftsraum, wo man abends gemütlich zusammen sitzen kann. Auch muss es möglich sein, dass ich mal mit meinen Freunden ein Party mache und die ich dann so gestalte, wie es mir passt.

Hörverstehen 6 – Teil 2

Wohin im Urlaub?

Vater: Was hast du denn da schon wieder?
Mutter: Ich dachte, wir sollten uns allmählich überlegen, wo wir im Sommer hinfahren. Nicht dass du dann wieder im letzten Moment buchen willst und wir keinen Flug mehr bekommen. Da war ich im Reisebüro. Schau her, ist das nicht super?
Vater: Sonne, Sand, Sardinen in Colva! Wo liegt denn das?
Mutter: Das ist in Goa, in Indien. Das muss ganz toll sein. Sieh doch mal die Palmenstrände!
Vater: Hör mal, ich habe wirklich keine Lust, den ganzen Sommer an einem Strand zu liegen.
Mutter: Aber ich! Glaubst du, es war erholsam letztes Jahr in Griechenland? Zwei Wochen von Tempel zu Tempel, von Ruine zu Ruine. Nichts als alte Steine. Und jeden Abend in einem anderen Hotel.
Vater: Das haben wir doch vor allem für die Kinder gemacht, dass die mal das antike Griechenland erleben. War das nicht interessant, Martin?
Sohn: Na ja, es geht so. Ich könnte mir spannendere Ferien vorstellen.
Mutter: Ich will mich im Urlaub erholen, lang schlafen, spazieren gehen, lesen oder gar nichts tun.
Vater: Wisst ihr was? Wir könnten ja auch mal im Urlaub zu Hause bleiben. Da leben wir in einem so schönen Land und fahren immer ins Ausland, ärgern uns über die Hotels und was weiß ich!
Mutter: Zu einem Urlaub gehört eben, dass man wegfährt, und mal etwas anderes erlebt.
Vater: Gerade hast du noch etwas ganz anderes gesagt.
Mutter: Also, hierbleiben ist ausgeschlossen. Ich möchte im Urlaub nicht das Gleiche tun wie das ganze Jahr über: aufräumen, kochen, vor dem Fernseher sitzen und wieder aufräumen.
Vater: Wir könnten doch auch von hier aus Wanderungen machen oder mit dem Fahrrad wegfahren. Und kochen werde ich dann eben auch mal.
Mutter: Ja, deinen Pichelsteiner.
Sohn: Ich wollte euch sowieso fragen, ob ich mal allein weg darf. Der Axel und der Matthias wollen mit dem Zug nach Portugal und haben mich gefragt, ob ich mitkomme.
Vater: Das könnte dir so passen! Dass ich dich mit deinen 15 Jahren schon allein weglasse. Und dazu noch in ein Land, wo du die Sprache gar nicht kannst.
Sohn: Aber der Axel darf doch auch, und der ist genauso alt wie ich.

Vater: ... aber vernünftiger.
Mutter: Ich glaube, Hans, wir sollten nicht so viel Angst haben. Schließlich fahren heute Tausende von Schülern in fremde Länder. Da brauchen wir doch keine so große Angst zu haben.
Vater: Also, das muss ich mir schon sehr überlegen, ob ich das erlaube.
Mutter: Mir kommt da eine Idee. In dem Prospekt gibt es auch eine Pauschalreise nach Portugal mit Surfschule und so. Wir könnten das doch so machen: Der Martin fährt mit dem Axel und dem Matthias mit dem Zug nach Portugal. Wir beide fliegen eine Woche später an die Algarve. Du, Martin, kommst dann später zu uns und machst mit dem Papa einen Segel- oder Surfkurs. Und ich kann dann am Strand liegen und meinen Badeurlaub genießen.
Sohn: Das finde ich ganz toll.
Vater: Und ich kann damit auch leben.

Hörverstehen 6 – Teil 3

Aufgabe 16: Wetterbericht für Süddeutschland

Radiosprecher: Der Bericht des deutschen Wetterdienstes, ausgegeben um 6.15 Uhr. Die Vorhersage für Süddeutschland bis morgen früh. Morgens noch gebietsweise Nebel und Wolken. Tagsüber meist sonnig mit Erwärmung auf 23 bis 29 Grad. Abends und nachts einige Gewitter mit Abkühlung auf 17 bis 12 Grad. Mittelgebirge und Alpengipfel vormittags durchwegs frei, am Nachmittag teilweise in Quellwolken. Temperaturen in 1000 m um 21 Grad, in 2000 m um 13 Grad. Die weiteren Aussichten bis Donnerstag: sommerlich warm, nachmittags und abends örtlich Gewitter.

Aufgabe 17: Durchsage in der S-Bahn

Achtung, eine Durchsage für alle Fahrgäste dieses Zuges. Der Zug wird in Neufahrn getrennt. Die vorderen drei Wagen fahren weiter bis Flughafen, die hinteren vier Wagen setzen die Fahrt fort bis zur Endstation Freising. Die Wagen zum Flughafen tragen die Nummern 192, 201 und 213. Zum Umsteigen in Neufahrn haben Sie zwei Minuten Zeit. Wir bitten um Ihr Verständnis

Aufgabe 18: Kurznachricht im Radio

Es war ein Wolf, der vor 10 Tagen im Valle de Dis im Wallis siebzehn Schafe getötet hat. Wie die Walliser Jagdbehörde heute mitteilte, konnte aus den Exkrementen des Tieres seine Identität festgestellt werden. Der Wolf muss von Italien her in die Schweiz eingewandert sein. Wo sich der Wolf jetzt aufhält, ist nicht bekannt.

Aufgabe 19: Gäste aus der Partnerstadt

Liebe Freunde, meine Damen und Herren! Ich möchte Sie ganz herzlich im Namen der Stadt Karlsberg begrüßen. Wir freuen uns sehr, dass Sie sich entschlossen haben unserer Einladung zu folgen, um einige Tage mit uns zu verbringen. Es ist ja nicht das erste Mal, dass Besuch von unserer Partnerstadt kommt. Aber noch nie haben wir uns zusammengefunden, um gemeinsam die Erfahrungen mit unseren Verkehrsproblemen auszutauschen und zu diskutieren. Und ich hoffe sehr, dass wir wenigstens einige dieser Fragen einer Lösung näher bringen. Doch davon morgen mehr. Heute jedenfalls möchte ich Ihnen im Namen unseres Stadtrats und unserer Bevölkerung ein herzliches Willkommen zurufen.

Aufgabe 20: Wegbeschreibung

Sprecherin A: Wie komme ich denn zu dir?
Sprecher B: Wenn du mit dem Zug in München ankommst, gehst du sofort vom Bahnsteig aus nach rechts. Dort wo man die Halle verlässt, geht eine Rolltreppe hinunter zur U-Bahn. Du nimmst dann die U4 oder U5 in Richtung Laimer Platz und fährst zwei Stationen bis zur Schwanthalerhöhe. Dort gehst du zum hinteren Ausgang, also entgegen der Fahrtrichtung und oben dann gleich nach links, wo die Rolltreppe ist. Von da biegt man in die Ligsalzstraße ein, dann erste Straße rechts und wieder erste Straße links. Das ist die Parkstraße. Der Eingang zur Parkstraße 29 liegt genau gegenüber vom Café Bavaria. Vom Bahnhof bis zur Parkstraße brauchst du nicht mehr als 15 Minuten.

Mündlicher Ausdruck 5 – Ein Prüfungsbeispiel

Prüfer 1: Ja, guten Tag. Herzlich willkommen zur Prüfung. Und ja, wir wollen erst mal Sie ein bisschen kennen lernen. Können Sie sich bitte gegenseitig vorstellen?
Ungarin: Ja, guten Tag.
Schwedin: Guten Tag. Wie heißt du?
Ungarin: Ja, hallo, ich bin Ágnes Gajdos. Und wie heißt du?
Schwedin: Ich heiße Hilda Samuelsson.
Ungarin: Und woher kommst du?
Schwedin: Ich komme aus Schweden. Und woher kommst du?
Ungarin: Ich komme aus Ungarn.
Schwedin: Ja, wo wohnst du jetzt?
Ungarin: Ich bin hier Au-pair-Mädchen und ich wohne bei meiner Au-pair-Familie.
Schwedin: In das Haus, oder?
Ungarin: Ja, eine große Haus und ich habe ein kleinen Zimmer.
Schwedin: Ja?
Ungarin: Und wo wohnst du in Deutschland?
Schwedin: Ich wohne hier in Stuttgart. Aus Stuttgartmitte. In einer eigenen Wohnung. Und ich bin auch Au-pair-Mädchen. Aber die Familie wohnt unten und ich wohne oben.
Ungarin: Ja, gut.
Schwedin: Bist heiratet, ehm verheiratet?
Ungarin: Neee!
Schwedin: Nein? Und hast du noch keine Kinder, oder?
Ungarin: Ich bin noch nicht verheiratet. Ich bin 21 Jahre alt. Und ich habe kein Kinder. Und bist du verheiratet?
Schwedin: Nein. Und ich habe auch keine Kinder. Aber ich habe Geschw..., eine Bruder.
Ungarin: Ja?
Schwedin: Ja, eine große Bruder. Er ist 23 Jahre alt.
Ungarin: Ja, ich habe eine Zwillingsschwester. Und Sie ist auch jetzt in Deutschland wie Au-pair-Mädchen.
Schwedin: Hier in Stuttgart, oder?
Ungarin: Ja, hier in Stuttgart. Im Weilimdorf.
Schwedin: Ja. Bist du schon in anderen Ländern gewesen? Oder?
Ungarin: Ja, ich bin schon in anderen Ländern auch gewesen. Aber ich bin hier lange Zeit. Ich bin hier 19 Monate lang. Und du?
Schwedin: Ja, ich bin in anderen Ländern gewesen. In den meisten Ländern in Europa im Urlaub und so.
Ungarin: Hmm. Und sprichst du vielleicht andere Sprache auch, oder?
Schwedin: Ja, Schwedisch und Englisch. Und ein bisschen Deutsch.
Ungarin: Ahh, gut. Ich spreche auch Ungarisch. Und ...

Schwedin: Englisch, oder?
Ungarin: Nee, leider leider nicht. Ich habe im Grundschule ein bisschen Russisch gelernt. Aber ...
Schwedin: Ja.
Ungarin: Ich spreche nicht.
Schwedin: Aber du verstehst Russisch, oder?
Ungarin: Hmm, nicht viel. Und ich lerne jetzt ...

Prüfer 1: Ja vielen Dank für Ihre Information. Ich habe noch eine ganz kurze Frage an Sie beide. Gefällt Ihnen das, als Au-pair-Mädchen zu arbeiten?
Schwedin: Ja, für mich ist es gut.
Ungarin: Hmm, Ja.
Prüfer 1: Ja, keine Schwierigkeiten?
Ungarin: Ja, gibt es manchmal.
Prüfer 1: Manchmal?
Ungarin: Ja, manchmal.
Prüfer 1: Aha, ja warum?
Ungarin: Ehh.
Schwedin: Weil die Kinder manchmal ganz viele und ...
Ungarin: Ja, ich habe hier zwei Kindern, Au-pair-Kindern, aber die Familie ist nicht so freundlich, oder? Aber ich weiß nicht.
Prüfer 1: Ja, und bei Ihnen wie ist es da?
Schwedin: Meine Familie ist sehr freundlich.
Prüfer 1: Sehr freundlich.
Schwedin: Ja, ja dass geht sehr gut mit meiner Familie zusammen.
Prüfer 1: Ja, dann vielen Dank, mein Kollege macht jetzt weiter mit dem zweiten Teil.

Prüfer 2: Ja, Frau Gajdos, Sie und Ihre Partnerin haben unterschiedliche Informationen zum Thema wie sich Deutsche ihre Partner wünschen, erhalten und Sie haben sich die Abbildungen angeschaut, berichten Sie jetzt Ihrer Partnerin was Sie sich angeschaut haben. Da nach berichtet Ihnen Ihre Partnerin über ihre Abbildung. Schließlich führen Sie zusammen ein kurzes Gespräch über dieses Thema. Was ist für Sie bei einem Mann wichtig? Zeigen die Zahlen ein bestimmtes Bild von Mann und Frau und wie ist die Situation in Ihrer Heimat? Und auch Ihre Partnerin wird Ihnen über dieses Thema berichten. Stellen Sie Fragen und reagieren Sie auf diese Fragen bitte.
Ungarin: Ja. Wie sich Frauen einen Mann wünschen. Ich habe von diese Thema ein Plan. Von je Hundert Frauen Natürlichkeit, Gutes Aussehen, Sauberkeit, und Sparsamkeit. Die Frauen finden die Natürlichkeit am wichtigsten. Und die Frauen finden gutes Aussehen nicht so wichtig. Aber ich weiß nicht warum. Und Sauberkeit auch ganz wichtig. Und ja Sparsamkeit auch. Aber die Männer finden ganz anders diese Thema. Die Männer finden die Natürlichkeit wie Frauen auch am wichtigsten. Aber, die Männern ist gutes Aussehen ist ganz ganz wichtig. Und Sauberkeit und Sparsamkeit ist ähnlich. Was denkst du über ...
Schwedin: Und was ich denke über das? Was denkst über diese? Was findest du, was denkst du selbst, was findest du es ist am Wichtigsten?
Ungarin: Ja, meiner Meinung nach, die gutes Aussehen ist mir nicht so wichtig, wenn die Menschen verliebt einander, das ist nicht so wichtig. Aber, Sauberkeit finde ich ganz ganz wichtig. Und, Sparsamkeit.
Schwedin: Und, wie ist es in deiner Heim..land mit diese Thema?
Ungarin: Ja, ich habe jetzt gesagt.
Schwedin: Ja, was du findest. Aber ich meine in deiner Heimat. Was ist ...?
Ungarin: Ah ja, eh gleich mit dieser, ... ungefähr gleich mit dieser Blatt. Ja! Ja! Natürlichkeit, Sauberkeit.
Schwedin: Ja und jetzt soll ich über meine Thema sprechen? Aber ich habe die gleiche. Aber, wie sich Frauen einen Mann wünschen und wie sich Männer eine Frau wünschen. Und für Frauen ist es 72% findest das Trauen ist sehr sehr wichtig. Und Männern ist es 66%. Und am zweiten Platz kommt Klugheit. Das ist fast die Hälfte. Die Frauen findest das Klugheit ist wichtig. Und dann ist Fleiß, das ist 41% die Frauen und nur 27% Männer, findest es das ist wichtig. Und Tüchtigkeit im Beruf ist das ungefähr 30% Frauen und nur 12% Männer, findest das ist wichtig mit Ihrem Partner. Ja, und ich finde ...
Ungarin: Ja, deiner Meinung nach?
Schwedin: Ja, meine Meinung ist. Für mich ist Treue sehr wichtig. Ehm, ich muss mit meinem Partner Vertrauen haben und ich ..., das ist das Wichtigste.
Ungarin: Ja. Und was denkst du an Fleiß?
Schwedin: Das ist für mich nicht wichtig. Natürlichkeit und Treue, das finde ich das Wichtigste.

Prüfer 2: Ja, dann vielen Dank. Wir kommen zum dritten Teil. Stellen sie sich vor am kommenden Wochenende ist schönes Wetter und Sie wollen gemeinsam einen Ausflug machen. Sie haben hier ein paar Stichpunkte vor sich liegen. Ja, und unterhalten sie sich doch einfach mal darüber. Wohin soll die Reise gehen und wie lange wollen Sie reisen und wie usw., ja?
Ungarin und Schwedin: Ja.
Schwedin: Wie fahren über eine Wochenende. Dann fahren wir Freitag bis Sonntag. Ja?
Ungarin: Ja.
Schwedin: Und wohin fahren wir?
Ungarin: Ja, erst mal, möchtest du dieses Wochenende fahren, irgendwohin?
Schwedin: Ja.
Ungarin: Und wie lange bis Freitag ... von ... bis?
Schwedin: Ne, von Freitag bis Sonntag.
Ungarin: Ja, Freitag bis Sonntag. Ja?
Schwedin: Und ich möchte gern Schwarzwald fahren.
Ungarin: Ja, das ist auch schön. Aber meiner Meinung nach, wir können an den Bodensee fahren. Das ist auch sehr schön.
Schwedin: Ja, das können wir machen. Aber wie fahren wir? Mit Auto, oder? Oder mit dem Zug? Oder mit dem Bus? Oder Fahrrad?
Ungarin: Ja! Aber, nee ...
Schwedin: Ich fahre am liebsten mit dem Zug, glaube ich. Das dauert nicht so lange.
Ungarin: Wochenende ist ganz gut und mit Fahrrad das dauert ein bisschen lang ... die Zeit ...
Schwedin: Und an dem Bodensee können wir, ... was können wir machen?
Ungarin: Oh, wir können dort baden, spazieren gehen.
Schwedin: Schwimmen?
Ungarin: Ja.
Schwedin: Wir können auch eine Picknick machen.
Ungarin: Ja!
Schwedin: Aber wo kann man üben und essen? Weiß du das schon?
Ungarin: Ich kenne an dem Bodensee, eine günstiges Restaurant.
Schwedin: Ja?
Ungarin: Ja, wir können dort essen.
Schwedin: Ja, wir können vielleicht zelten auch. Dann können wir auch im Zelt schlafen, im Campingplatz ... Das ist schön.
Ungarin: Und im Schwarzwald, was können wir dort machen?
Schwedin: Ja, im Schwarzwald können wir auch schwimmen, spazieren gehen und Picknick. Ja, aber ich glaube ich fahre lieber am Bodensee.
Ungarin: Am Bodensee?
Schwedin: Ja.
Ungarin: Okay, wir fahren am Bodensee. Ja und wann treffen wir und wo treffen wir, am Wochenende, am Freitag?
Schwedin: Freitag am Hauptbahnhof.
Ungarin: Am Hauptbahnhof?
Schwedin: Ja?
Ungarin: Okay. Bis bald.
Prüfer 2: Ja, vielen Dank.

Transkriptionen der Hörtexte zum Übungsbuch

Hörverstehen

36. Globalverstehen

Übung 1: In der Schule

Lehrer: Ruhe bitte! So, setzt euch! Ich möchte zuerst die Hausaufgaben sehen. Peter, kannst du mal da hinten das Fenster zumachen? Es zieht. Danke! Also, ihr solltet für heute ...

Übung 2: Im Café

(Stimmen und das Rascheln einer Zeitung, die gerade gelesen wird)
Mann: Entschuldigung, ist da noch frei?
Frau: Ja, bitte.
Mann: Ein Sauwetter ist das heute.
Frau: Es schneit wohl draußen.
Mann: Und wie! *(Schweigen)*

Mann: Darf ich mal einen Blick in deine Zeitung tun?
Frau: Bitte, die kannst du behalten. Ich hab´ sie schon gelesen.
Kellner: Was kriegen wir denn?
Mann: Eine Tasse Kaffee, wie immer. *(Pause)*
Wohnst du hier in der Nähe?
Frau: Ja, gleich um die Ecke in der Isabellastraße.
Mann: Ich seh dich heut´ zum ersten Mal hier.
Frau: Ich bin ja auch erst vor zwei Tagen eingezogen.
Mann: Ich heiße Gerd Güttler, bin hier Stammgast.
Frau: Und ich bin Monika Cordes. Was machst du denn?
Mann: Ich studieren Mathematik. Aber nebenbei arbeite ich als Taxifahrer und spiele in einer Rockband. Und du?
Frau: Ich fange nächste Woche bei der Dresdner Bank an. Oh, es ist schon Viertel vor acht. Ich muss jetzt gehen und einkaufen, bevor die Läden zumachen. Ich seh` dich sicher wieder. Mach´s gut!
Mann: Tschüs! Um die Zeit bin ich meistens hier.

Übung 3: Die Einladung

(Werbung im Fernsehen und Kochgeräusche aus der Küche)
Frau Kugler: Mach doch endlich den Fernseher aus und hilf mir ein bisschen! Du willst Leute hier haben, und ich hab´die ganze Arbeit am Hals.
Herr Kugler: Ich komme ja gleich. Lass mich nur noch die Nachrichten sehen. Wir haben doch noch Zeit. *(Nachrichten im Fernsehen, Frau schaltet den Fernseher aus.)*

Frau Kugler: Jetzt ist aber Schluss! Mich regt das auf. Um halb acht kommen die Müllers. Sag mal, hast du eigentlich Bier geholt?
Herr Kugler: Aber ja! Ein ganzer Kasten steht unten im Keller. Was gibt´s eigentlich heute Abend?
Frau Kugler: Ungarisches Gulasch mit Semmelknödeln. Man kriegt Durst davon. Da muss genügend Bier da sein.
Herr Kugler: Rotwein passt aber auch gut. Ich mach schon mal zwei Flaschen auf.
Frau Kugler: Das kannst du auch noch, wenn die Leute da sind. Deck jetzt endlich den Tisch! *(Lärm von Pozellan)*

Frau Kugler: Nicht doch das alte Geschirr aus der Küche. Mein Gott, stellst du dich wieder dumm an! Wenn Leute kommen, nimmt man doch das schöne Rosenthalgeschirr. Wozu haben wir das denn?
Herr Kugler: Das frag ich mich auch manchmal. *(Herr Kugler stellt die Teller auf den Tisch. Plötzlich klingelt es.)*

Frau Kugler: Franz, die sind ja schon da! Mach du auf, sonst brennt mein Gulasch an. Ich komm gleich. *(Es läutet eine zweites Mal etwas ungeduldig)*

Herr Kugler: Ich komm schon! *(Man hört die Tür öffnen.)*

Herr Kugler: Da sind Sie ja schon. Haben Sie´s leicht gefunden?
Herr Müller: Ja, ja. Guten Abend, Herr Kugler.
Frau Müller: Guten Abend und herzlichen Dank für die Einladung.
Frau Kugler: Entschuldigen Sie. Ich musste in der Küche erst das Feuer abstellen. Ja, sind die aber schön!! Ganz herzlichen Dank für die wunderschönen Blumen! Kommen Sie doch herein und nehmen Sie Platz!

Übung 4: Im Flugzeug

Guten Tag, meine Damen und Herren,
Kapitän Meyer und seine Besatzung begrüßen Sie an Bord des Lufthansafluges 214 von Athen über München nach Düsseldorf. Wir haben inzwischen die Flughöhe von 35 000 Fuß, das sind etwa 11 Kilometer, erreicht und überfliegen in diesem Moment die Insel Skopelos. Unser Flug geht weiter über Thessaloniki, Skopje, Ljubljana, Salzburg. In zwei Stunden und fünf Minuten werden wir rechtzeitig in München landen. Das Wetter dort ist schön, es herrschen 12 Grad Celsius. Wir wünschen Ihnen einen angenehmen Flug.

Übung 5: Fernsehen in der Familie
Stellungnahme 1

Moderator: Sagen Sie, Frau Weinzinger, welche Rolle spielt bei Ihnen zu Hause das Fernsehen?

Frau Weinzinger: Leider eine viel zu große. Der Apparat steht mitten im Wohnzimmer vor der Couch. Wenn mein Mann von der Arbeit nach Haus kommt, dann wird sofort der Fernseher angemacht. Und der Apparat läuft dann, bis er ins Bett geht. Wenn ich mal einen schönen Film sehen will, gibt's jedes Mal Streit. Er schaut sich ja bloß Kriminalfilme und Sportsendungen an. Ich kauf ihm zum Christkindel einen neuen Fernseher. Den kann er dann in sein Zimmer stellen und wir haben unsere Ruhe.

Stellungnahme 2:

Moderator: Herr Dr. Stukenberg, das Fernsehen hat in den vergangenen zwei Jahrzehnten das Leben unserer Familien stark verändert. Wie schaut es bei Ihnen daheim aus?

Dr. Stukenberg: Also bei uns steht nur so ein kleines Gerät in der Küche. Wenn meine Frau bügelt, dann sieht sie sich schon mal ein Programm an. Die Kinder dürfen sich den Apparat manchmal am Wochenende auf ihr Zimmer nehmen, wenn sie etwas Besonderes sehen wollen. Aber ich sorge dann dafür, dass sie nur diese eine Sendung sehen. Ansonsten spielt das Fernsehen in unserer Familie bewusst keine Rolle. Ich will nicht, dass es unser Leben bestimmt. So haben wir viel mehr Zeit für uns, für unsere Hobbys, für Spaziergänge und vor allem für Gespräche.

37. Selektives Hören

Übung 1: Text 1 – Lautsprecherdurchsage

Achtung, Reisende mit der Lufthansamaschine LH 351 nach Jakarta, begeben Sie sich bitte zu Ausgang B14.

Text 2: Telefonisches Wecken

(Telefonklingeln, Abnehmen des Hörers)

Herr Bruch: Hallo?

Mann im Hotel: Guten Morgen Herr Bruch! Sie wollten geweckt werden. Es ist jetzt 6 Uhr 45.

Herr Bruch: Danke. Vielen Dank!

Text 3: Im Zug

Wir begrüßen die zugestiegenen Fahrgäste im Intercity 515 Gutenberg. Den Fahrplan dieses Zuges und dessen Anschlüsse können Sie aus dem Informationsblatt „Ihr Zugbegleiter" ersehen, das an Ihrem Platz ausliegt. Weitere Auskünfte erteilt Ihnen gern das Intercity-Team. Wir wünschen Ihnen eine gute Reise.

Text 4: Anrufbeantworter

Hannelore Ulmer: Grüß dich Birgit, die Hannelore Ulmer spricht. Heute ist der 3. Feber, halb drei Uhr am Nachmittag. Ich möchte dir nur sagen, dass die Sache klappt. Wir treffen uns also am kommenden Donnerstag um 11 Uhr bei mir im Büro im ersten Bezirk in der Mariahilferstraße 88a. Bringe bitte all deine Papiere mit. Servus!

Text 5: Auf dem Bahnhof

(Bahnhofsgeräusche, Bremsen, Öffnen der Türen, Lautsprecheransage)

Lautsprecherstimme: Hier Augsburg, hier Augsburg! Sie haben Anschluss nach Oberstdorf auf Gleis zwei.

alte Frau: Entschuldigen Sie, ist der Platz hier noch frei?

junger Mann: Ja, bitte. Aber hier dürfen Sie den Koffer nicht stehen lassen. Da kommt ja niemand mehr durch.

alte Frau: Ja, wo soll ich ihn denn hintun?

junger Mann: Da oben, auf das Gepäcknetz! Warten Sie, ich helfe Ihnen.

alte Frau: Vielen Dank, junger Mann!

Übung 2: Programmvorschau von Radio München

Radioansager:

Der Überblick

Aus zweiter Hand. Das Notizbuch um 10 Uhr 4.

Die Miet- und Wohnungspolitik im Trendhintergrund um 11 Uhr 30.

Was fasziniert am Fußball, fragt das Tagesgespräch um 12 Uhr 05.

Ein Gespräch mit Milena aus Belgrad um 16 Uhr 30 im Zündfunk.

Hanna Renate Laurien erzählt aus ihrem Leben um 19 Uhr.

Tiere in der Tiefsee um 19 Uhr 30.

Um 20 Uhr 05 fragt das Hörspiel „Wer ist der Täter?"

und Didi Bridgewater in Just Jazz um 21 Uhr

in Radio München.

Übung 3: Fußball-Weltmeisterschaft

Sprecher A: Radio Arabella – Sport *(Musik)* – Radio Arabella mit dem Neuesten von der Fußball-Weltmeisterschaft in Italien – *(Musik).* Mit einem 1:1 endete die erste Bauchlandung der deutschen Elf bei der Fußballweltmeisterschaft in Italien. Schlimm! Die Kolumbianer hatten klarere und bessere Chancen als die deutsche Elf. An allen Ecken und Enden fehlte der gesperrte Brehme. Trotz der miserablen Vorstellung gegen die Kolumbianer – den deutschen Treffer erzielte übrigens Littbarski – beendete die deutsche Mannschaft die Vorrunde als Gruppensieger und darf am 24. Juni beim Achtelfinale wieder in Mailand spielen. Schillaci und Baggio heißen die neuen Superstars der Italiener. Nachdem Trainer Asselio Vincini seine Elf total umgebaut hat, spielen die Azzuri Traumfußball. Beim 2:0 gegen die Tschechen festigte Italien gestern den Anspruch auf den WM-Titel. Im dritten Spiel des gestrigen Tages gewann Jugoslawien gegen die Scheichs aus den Emiraten 4:1. Österreich kam gegen das Fußball-Entwicklungsland USA nicht über ein dünnes 2:1 hinaus und darf nun wieder über den Brenner nach Hause fahren.

Sprecher B: Radio Jülich hat alles, was die WM daheim erst richtig schön macht. Radio Jülich der Laden für Hifi, Video und TV. Radio Jülich in der Wendenstraße 92.

Übung 4: Im Kaufhaus Engelmann

Guten Tag, meine Damen und Herren. Das Kaufhaus Engelmann und seine Mitarbeiter haben heute in ihrem Sonderangebot

in der Käseabteilung:

Premo Sahne, der fettarme Schlagrahm – der Becher zu 50 Cent

Mühlwälder Biojogurt, der milde Vollkornjogurt mit Früchten – 500 g zu 82 Cent

Edelweiß Torte – 100 g zu 57 Cent

Bavaria, der weiche Schimmelkäse – das Törtchen zu 97 Cent

Unsere Fleischabteilung bietet heute besonders günstig:

mageren Rindersaftschinken – 100 g zu € 1,45

fertig gebratene Frikadellen – die 1000 g Packung zu € 3,20

frische Hähnchenschenkel – 8 Stück € 3,88

Und für Ihre Hausbar haben wir:

schottischen Whisky John Dill – die Flasche für € 8,20

jugoslawischen Rotwein, Drosselfelder Cabernet – die Flasche nur € 2,79

38. Detailverstehen

Übung 1: Der Propagandist

Propagandist: Kommen Sie, meine Damen und Herren, treten Sie nur näher. Ja, ganz nah. Bitteschön, die Dame, hierher. Vor allem die Damen möchte ich ganz nah haben. Werden Sie nur

nicht eifersüchtig, mein Herr. Auch Ihnen wird es guttun, wenn Sie zu mir herkommen. Da sind Sie dann auch ganz nah bei der Dame. Nun sehen Sie mal, was ich da habe. Haben Sie´s erkannt? Jawohl, es ist ein ..., ein Küchen..., und es kann noch viel mehr. Es ist sozusagen ein Vielzweck..., ein Allzweck..., es ist das Alles..., der Alleskönner unter den ... Damit kann ich alles, was es in der Küche gibt, was es im Haushalt gibt, lang und groß, kurz und klein, dick und dünn, hart und weich, alles das kann ich schneiden, schaben, schälen, schlagen, was immer Sie wollen.
Und nun sehen Sie mal her, was das ... alles kann! – Also aufgepasst, meine Damen und Herren! Jetzt ist ja gar keiner mehr da von den Herren, die haben alle Angst vor dem ... Also sehen Sie, ich nehme jetzt eine Tomate, die will ich schälen. Was machen Sie denn, wenn Sie einer Tomate die Haut abziehen wollen? Na??
eine Frau: Ich lege sie kurz in kochendes Wasser ...
Propagandist: Jawohl, haben Sie´s gehört? Sie legt sie kurz in kochendes Wasser. Und ... verbrennt sich die Finger! Das alles macht das ..., ohne dass Sie sich die Finger verbrennen. Und wie geht das nun? Also, Sie nehmen die Tomate in die linke Hand und das ... in die rechte Hand. So!!! Halten Sie die Tomate ganz leicht. Jetzt machen Sie oben in die Tomate einen Kreuzschnitt, bis Sie fast ganz unten sind. Dann lösen Sie vorsichtig mit der Rückseite des ... das Fleisch der Tomate von der Haut. So, zuerst hier links und dann auf der anderen Seite. Sehen Sie, das geht ganz leicht, kein Problem, no problem, pas de problem, kanena provlima. Sehen Sie, das ... kann sogar Fremdsprachen, es versteht jede Tomate, ob sie aus Holland kommt, aus Italien, aus Griechenland oder sogar aus Marokko – Ahlan wa Sahlan.
eine Frau: Ja, aber wenn die Tomate noch halb grün ist?
Propagandist: Dann würde ich die auch nicht schälen!

Übung 2: Rätselspaß

(Musik)
Sprecher A: Die österreichischen Lotterien präsentieren: Radio Salzburg Rätselspaß mit Walter Höller:
Höller: Einen angenehmen Nachmittag, meine Damen und Herren. Wenn Sie jetzt am See oder im Freibad liegen, dann hoffe ich, Sie haben die nächste Telefonzelle schon okkupiert und drum herum Ihre Lieben mitsamt Radio, Atlas und sonstigen Nachschlagewerken drapiert. Solcher Art gerüstet, sollten Sie jetzt die Salzburger Telefonnummern 8 23 8 23 oder 8 23 8 24 wählen, allenfalls erweitert um die Vorwahl 0662. Aber das gilt natürlich auch für alle, die es sich im Garten oder in ihren vier Wänden gemütlich gemacht haben. Also, ich harre Ihres Anrufs. *(Musik)*
So, jetzt habe ich jemanden in der Leitung, der seinem Namen hoffentlich alle Ehre machen wird und bis zum Jackpot vordringt, in dem immer noch fünfhundert Schilling liegen. Es ist der Herr Alfred Glück in Sankt Georgen. Einen schönen Nachmittag.
Anrufer: Ja, grüß Ihnen.
Höller: Herr Glück, hat sich der Name in Ihrem Leben schon ausgewirkt?
Anrufer: Na ja, es wird schon manchmal ein Witz drüber gemacht. Aber im großen Ganzen geht's mir ganz gut. Also ich nehme das ganze Leben als großes Glück an.
Höller: Haben Sie Glücksbringer im Hause, und zwar in dem Sinn, daß sie Ihnen einsagen oder im Atlas nachschlagen?
Anrufer: Massig habe ich da.
Höller: Massig?
Anrufer: Jaja.
Höller: Wie viel ist massig?
Anrufer: Schwester, Schwager, Vater und drei Kinder.
Höller: Also ...
Anrufer: Vier Kinder ja sogar.
Höller: Das ist ja fast wie früher eine Großfamilie oder Horde hätte man wahrscheinlich gesagt bei den Wikingern oder so.
Anrufer: Ja, es ist wie der Zufall. Meine Frau ist nämlich gerade auf Urlaub gefahren. Jetzt bin ich heute früher von der Arbeit da. Und jetzt habe ich einfach versucht und probiert.
Höller: Na dann, dann haben Sie eh schon das erste Mal Glück gehabt und das zweite Mal könnten Sie's jetzt haben mit dem Metronom. Sie wissen es ist eine geschüttelte Runde. Da kommt's auch ein bissel auf's Glück an. Sie sagen Halt, wenn Sie glauben, jetzt haben Sie's.
Anrufer: Ja.
(Metronom zu hören)
Anrufer: Halt!
Höller: Das war die Sieben, aber die Sieben hatten wir schon. Ich kann Ihnen anbieten die Acht oder die Fünf.
Anrufer: Dann nehmen wir die Acht.
Höller: Nehmen wir die Acht. Die Acht, das ist heute in dieser geschüttelten Runde das U. U-Jeggerl wollt' ich fast sagen, aber das wäre unangebracht.
Anrufer: Schauen wir mal.
Höller: Schauen wir mal.
Anrufer: Wie gesagt, auch Sie können mich jederzeit unterbrechen und sagen, jetzt möchte ich nicht mehr weiter tun. Aber fangen wir vielleicht vorher mal an. Es geht los bei Ihnen Herr Glück mit einem Tier mit U. Und zwar suchen wir ein Wassertier.
Die Spaßvogelfrage *(Musiktusch)*
Höller: Es schaut ja ganz so aus, als hätten Sie gleich zu Beginn Glück, denn jetzt können Sie schon mal in der ersten Runde gar nicht mehr ausscheiden und sie hinter sich bringen mit zwei oder null Punkten. Haben Sie es vorher mitbekommen? Wissen Sie, worum es beim Spaßvogel geht?
Anrufer: Ja. Ich hab's schon öfters gehört. Ja.
Höller: Gut. Also dann geht's heute um den Begriff „Koto". Und ist Koto ein japanisches Musikinstrument oder eine kunstvolle Stickerei bei den Cheyenne-Indianerinnen oder das Loch im Eis, durch das die Eskimos fischen?
Anrufer: Was sagt jetzt der Rat. Ich weiß es nicht.
Höller: Oh der tagt, der beginnt zu tagen, zu nachmittagen.
Anrufer: Sagen wir die erste.
Höller: Das erste und das ist auch schon richtig.
Anrufer: Eh!!
Höller: Was sagt man da in Ihrem Fall, ohne dass man spottet. Glück gehabt, oder? Das sind die ersten zwei Punkte und damit die ersten hundert Schilling ...

Übung 3: Wanderer

Wandrerin: Puh, ist das heiß jetzt. Blöd, dass wir nichts zum Trinken mitgenommen haben.
Wanderer: Ja, wir konnten ja nicht wissen, dass es so heiß wird. Komm, machen wir wenigstens eine Pause.
Wandrerin: Wart doch, bis das nächste Dorf kommt. Hier ist

kein Baum, kein Schatten. Da können wir doch unmöglich in der Sonne sitzen. In dem Dorf gibt's sicher eine Kneipe. Oh, guck mal, da kommt einer, den können wir fragen.
2. Wanderer: Gruezi mitanand.
Wanderer: Guten Tag. Sagen Sie, ist es noch weit bis zum nächsten Dorf?
2. Wanderer: Nein, nein, nach Hergiswyl ist es eine halbe Stunde, wenn Ihr gut geht.
Wanderer: Hm, wo kriegen wir denn da etwas zu essen und zu trinken?
2. Wanderer: Ja, das ist schwer. Wir haben nur ein Restaurant, das Wolfbächli, aber das hat am Montag zu.
Wanderer: Ja, gibt es denn kein Café in der Nähe?
2. Wanderer: Doch, den „Eigerblick". Aber vielleicht haben die auch nicht auf. Und Essen gibt es da sowieso nicht, höchstens Kuchen.
Wandrerin: Ach, Hauptsache, wir kriegen was zu trinken.
2. Wanderer: Ja, ja, bei der Hitze wird man durstig. Auf Wiedersehen.
Wanderer: Wiedersehen.
Wandrerin: Auf Wiedersehen. Vielen Dank.
2. Wanderer: Nichts zu danken.

Übung 4: Die entlaufene Katze

Und nun wieder zu unserem Tiermarkt. In Sendling ist schon seit dem 13. September eine graue Katze verschwunden. Die entlaufene Katze hat als besonderes Merkmal nur ein Auge. Außerdem ist die verschwundene Katze an beiden Ohren tätowiert – das mit der Nummer Al 10 und M 88. Bitte, wenn Sie eine solche Katze gesehen haben, dann rufen Sie hier im Studio an unter 2725 dreimal die Eins. Dankeschön!

Übung 5: Gymnastikübung

Moderator: So, und jetzt ist es wieder Zeit, etwas für Ihren Körper zu tun. Heute mit Corinna Clement.
C. Clement: Hallo, liebe Hörerinnen und Hörer. Heute wieder etwas für alle, die im Büro stundenlang auf ihrem Hintern sitzen. Bringen Sie Ihren Kreislauf in Schwung! Dafür brauchen Sie nur 3 Minuten! Los geht's mit „Fit im Büro". Stehen Sie auf, stellen Sie sich hin. Die Beine etwas auseinander, einen halben Meter vielleicht, ganz locker in den Knien. Strecken Sie beide Arme zur Seite aus ... nicht höher als Schulterhöhe ... ja, genau so ... und jetzt kreisen Sie mit den Armen und mit den Schultern. Fangen Sie mit kleinen Kreisen an ... und machen Sie dann immer größere Kreise ... immer schön mit beiden Schultern und beiden Armen kreisen ... so... noch ein bisschen ... und ... sehr schön. Jetzt nehmen Sie die Arme wieder runter und lassen sie an beiden Seiten herunterhängen und jetzt schütteln. Schütteln sie Ihre Arme und Hände aus ... schön ausschütteln, die Finger auch ... ganz locker lassen ... die Handgelenke ganz locker, die Finger auch ... sehr schön. So, und jetzt kommen wir zum Kopf. Drehen Sie Ihren Kopf langsam nach rechts ... halten Sie ihn dort ... drei, vier, fünf ... und jetzt langsam zur Mitte drehen und weiter nach links. Ein bisschen halten ... drei, vier, fünf ... und wieder zur Mitte drehen ... und nach rechts. Halten. Langsam zur Mitte ... und wieder nach links ... und zur Mitte. Prima! Das Atmen ist auch natürlich auch wichtig. Legen Sie jetzt beide Hände flach auf Ihren Bauch, die Fingerspitzen berühren sich. Und jetzt atmen Sie tief ein ... ganz tief in die Lunge. Der Bauch bewegt sich nicht, nur der Brustkorb. Und langsam ausatmen. Wieder tief in die Lunge einatmen ... und ausatmen. Und noch ein drittes Mal ... tief einatmen ... und wieder ausatmen. Prima! Und jetzt die Beine. Laufen Sie auf der Stelle. Langsam ... nicht so schnell ... Heben Sie die Füße erst nur ein bisschen. So ... und jetzt heben Sie die Knie etwas höher ... drei, vier, fünf ... und noch ein bisschen höher. Noch ein paar Mal ... super! Jetzt stellen Sie sich wieder breitbeinig hin ... und strecken Sie das rechte Bein nach vorne ... nicht so hoch, nur so 10, 15 Zentimeter ... und jetzt strecken Sie Ihren Fuß, die Zehen zeigen zum Boden ... und jetzt zeigen die Zehen zu Ihrem Körper ... wieder zum Boden, zum Körper ... zum Boden, zum Körper. Gut. Jetzt das linke Bein nach vorne ausstrecken ... Fußspitze zum Boden, zum Körper, zum Boden, zum Körper, zum Boden, zum Körper. Prima! Stellen Sie wieder beide Füße auf den Boden ... und zum Schluss schütteln wir den ganzen Körper aus, wackeln Sie etwas in den Hüften, mit den Knien, schütteln Sie noch mal die Arme und die Hände, den Kopf, ... Sie können auch hüpfen ... da freuen sich die Kollegen im Stock unten drunter ... Prima! Das war's für heute ... ich hoffe, Sie können jetzt mit neuem Schwung weiterarbeiten. Und wenn es Ihnen gefallen hat, dann hören wir uns morgen wieder, wenn es heißt „Fit im Büro".

Übung 6: Das Auto, unsere heiligste Kuh

Radiomoderator: Radio Limmat ist heute wieder da mit seiner Sendung „Was uns angeht". Das Thema unserer heutigen Diskussion lässt zurzeit wieder einmal niemanden kalt. Es geht um unsere heiligste Kuh, das Auto. Im Studio begrüße ich heute Verena Künzli und Herrn Beat Püntener. Gruezi mitenand!
Verena Künzli und Beat Püntener: Gruezi!
Radiomoderator: Frau Künzli ist Vorstandsmitglied des TCS, des Touring Club der Schweiz. Sie vertritt sozusagen die Partei der Autofahrer.
Verena Künzli: Das können Sie so nicht sagen. Wir sind ein ganz normaler Automobilklub und bieten unseren Mitgliedern alle Dienstleistungen, die einer braucht, der ein Auto hat: also Versicherungen, Pannenhilfe und Verkehrsinformationen. Natürlich ist es uns nicht egal, wenn die Politiker Maßnahmen gegen das Auto beschließen.
Radiomoderator: Herr Püntener ist seit kurzem Mitglied im Kantonsrat Zürich. Er vertritt dort die Partei der Grünen Liste und steht sozusagen auf der Seite der Autogegner.
Beat Püntener: Auch das ist nicht ganz richtig. Wir Alternativen bzw. Grünen setzen uns vor allem dafür ein, dass die Umwelt nicht weiter beschädigt wird. Und natürlich sind wir der Meinung, dass es nicht notwendig ist, dass jeder Bürger wegen jeder Kleinigkeit in sein Auto steigt und damit zur Luftverschmutzung beiträgt. Und wie man das vermeiden kann, das ist das Ziel unserer Politik.
Radiomoderator: Das heiße Thema, über das die Politiker neuerdings diskutieren, ist die sogenannte Ökosteuer. Herr Püntener, können Sie uns kurz erklären, was das genau ist?
Beat Püntener: Ja, das Prinzip ist ganz einfach. Steuern werden vor allem auf die Produkte und Leistungen gelegt, die die Umwelt belasten. Das betrifft zuerst einmal die Rohstoffe wie Eisenerz, Kohle, Petroleum, dann die Schäden, die bei der Verarbeitung entstehen: Luftverschmutzung, Vergiftung der Böden, Verschmutzung der Flüsse, Seen und Meere, das

Waldsterben und schließlich die Schäden, die entstehen beim Einsatz der Produkte.
Radiomoderator: Ja, aber wie könnte das konkret aussehen?
Beat Püntener: Das heißt, das heißt, für die Autos müssen Straßen gebaut werden, die Autos verschmutzen die Luft und verbrauchen Benzin. Also muss derjenige Steuern bezahlen, der die Schäden verursacht: der, der Autos produziert und der, der Autos fährt. Das ist doch logisch. Oder? Damit wird das Autofahren entsprechend teuer, und die Leute überlegen sich allmählich, ob sie nicht besser mit dem Bus oder der Bahn fahren sollen.
Verena Künzli: Moment mal! Das, was Sie da erzählen, gilt doch für jede Industrie. Also auch für die Bahnen und Busse. Die werden ja dann auch teurer. Die ganze Politik, die Sie da machen, geht doch nur gegen die kleinen Leute: Zuerst wird ihnen das Auto genommen, weil es zu teuer wird. Und dann werden auch noch die Bahnen und Busse teurer.
Radiomoderator: Jaja, aber da fragen natürlich einige Leute schon, ob diese Politik am Ende nicht eine Verletzung der Freiheit, der mobilen Freiheit natürlich, der Bürger ist.
Beat Püntener: Nein, davon kann gar nicht die Rede sein. Das, was Sie da sagen, Frau Künzli, ist natürlich maßlos übertrieben. Schließlich spielt es ja auch noch eine Rolle, wie hoch diese Ökosteuer ist. Oder?
Verena Künzli: Man hat den Eindruck, die grünen Politiker betrachten die Autofahrer als eine Herde von Kühen, die sie bei Bedarf melken können.
Beat Püntener: Überhaupt nicht! Es geht doch nur darum, dass nicht jeden Morgen Hunderttausende von Arbeitern und Angestellten auf ihrem Weg zur Arbeit gleichzeitig allein in ihren Autos sitzen, riesige Flächen von Straßen brauchen, Staus produzieren und noch dazu riesige Mengen von Energie in die Luft blasen. Wenn wir nur einen Teil von denen dazu bringen, auf Busse und Bahnen umzusteigen, dann ist schon viel gewonnen. Oder?
Verena Künzli: Ist Ihnen denn nicht klar, dass es trotz der fünfzehnjährigen Anti-Auto-Politik nicht gelungen ist, das Volk zum Umsteigen auf Bus und Bahn zu zwingen? Da hilft die Ökosteuer überhaupt nichts. Und finden Sie es denn richtig, wenn die eine Hälfte der Bevölkerung, nämlich wir, die Autofahrer, die Bahn, den ganzen öffentlichen Nahverkehr für die andere Hälfte einfach mitfinanzieren müssen?
Beat Püntener: Sie vergessen, dass Autofahrerinnen und Autofahrer gleichzeitig auch Fußgänger, Bahnkunden und oft auch Velofahrer sind. Und jeder Mensch verbringt den größeren Teil des Tages in seinem Wohnquartier und nicht im Auto.
Radiomoderator: Da könnte man doch eigentlich den Schluss ziehen, dass die Ökosteuer zwar die Autofahrer belastet, aber dass sie selbst auch davon profitieren.
Beat Püntener: So ist es.
Radiomoderator: Frau Künzli, Herr Püntener, vielen Dank für das Gespräch.

Übung 7: Nachrichten von Radio Salzkammergut

(Jinglemusik, dann Piepsen)
Sprecher A: Radio Salzkammergut. Es ist 15 Uhr.
In der Türkei ist Ministerpräsident Ecevit mit der Regierungsbildung vorangekommen. Er hat sich mit seinen beiden Koalitionspartnern auf die Besetzung von Kabinettsposten verständigt. Ecevit führt eine Koalition mit der demokratischen Linkspartei, der konservativen Mutterlandspartei und den rechtsextremen Nationalisten.
Die US Raumfähre Discovery hat an die internationale Weltraumstation ISS angedockt. Das Manöver fand in rund 385 km Höhe über dem Grenzgebiet zwischen Russland und Kasachstan statt. Es war die erste Operation ihrer Art zwischen einem Raumshuttle und der noch im Bau befindlichen Station.
Die Europäische Union und ihr Militärpakt WEU sollen bis zum nächsten Jahr zusammengeschlossen werden. Das sagte der deutsche Verteidigungsminister Scharping heute nach einem Treffen von 21 europäischen Verteidigungsministern in Bonn. Beim kommenden Gipfeltreffen in Köln wird die Entscheidung laut Scharping aber noch nicht fallen.
Der Kosovokrieg hat offenbar schon gravierende Umweltschäden ausgelöst. Experten des World Wildlife Fund weisen darauf hin, dass nicht nur Jugoslawien, sondern auch Bulgarien und Rumänien davon betroffen sind. Das Grundwasser und auch die Luft sind mit Giftstoffen belastet. Der WWF verlangt internationale Hilfe für die Balkanländer.
Salzburg ist ab morgen Tagungsort für nahezu alle bisherigen Träger des alternativen Nobelpreises. Der alternative Nobelpreis wurde vor zwanzig Jahren vom deutsch-schwedischen Philosophen Jakob von Uexküll gegründet.
Über den jungen Briefbombenbastler aus Oberösterreich gibt es neue Details. Der 18-jährige Schüler wollte die selbst hergestellten Bomben an fünf Politiker schicken. Er war offenbar ein Einzeltäter. Er sei kein Superhirn wie etwa Franz Fuchs, meinte heute ein ermittelnder Beamter. Der Achtzehnjährige sei ein sehr guter Techniker, aber eher ungebildet. Er wisse nicht einmal, welche Funktion die Politiker haben, an die er die Bomben schicken wollte.
Mit einem Festakt wird zur Stunde die neue technische Übungsanlage der Landesfeuerwehrschule in der Carolingerstraße in Salzburg eröffnet. Anlass ist das Achtzig-Jahre-Jubiläum der Landesfeuerwehrschule. Landeshauptmann Franz Schausberger würdigte in seiner Rede die Leistungen der Salzburger Feuerwehren.
Ein Felsbrocken vor dem Auto und ein Baumstamm hinter dem Auto. So war die achtzehnjährige Tanja Horner auf der Katschberg Bundesstraße bei Hüttau eingekeilt. Die Schülerin kam bei dem Unfall mit dem Schrecken davon.
Das waren die Nachrichten von Radio Salzkammergut.
Sprecher: Udo Schneider.

Sprecherin B: Und jetzt zum Wetter: Auch in den nächsten Stunden scheint in großen Teilen Österreichs zeitweise die Sonne. Allerdings werden die Regenschauer und Gewitter in Osttirol, Kärnten und der Steiermark häufiger. Zum Abend hin muss man auch im Flachland mit einzelnen Gewittern rechnen. Die Temperaturen liegen jetzt zwischen 20 und 29 Grad. Morgen, Samstag, überwiegt der Sonnenschein und es wird sehr warm mit dreiundzwanzig bis achtundzwanzig Grad. Es gibt aber wieder ein paar Regenschauer mit Gewitter, diesmal aber eher im Osten und schon am Vormittag. Und am Sonntag viel Sonne und Temperaturen bis einunddreißig Grad, einzelne Wärmegewitter dann am Nachmittag.

(Zwischenmusik)

Sprecher A: Radio Salzkammergut Verkehrsinformation. Salzburg Stadt: In der Rudolf Bibelstraße kommt es wegen einer

Baustelle zu Verkehrsbehinderungen. A1 Westautobahn bei Thalgau: Verzögerungen vor dem Gegenverkehrsbereich; in Richtung Wien ist die Ausfahrt gesperrt. Sie können über die Ausfahrt Oldendorf ausweichen. Rechnen Sie dort aber immer wieder mit Stau wegen Überlastung. A 10 Tauernautobahn. Vor dem Tauerntunnel müssen Sie wegen Bauarbeiten nach wie vor bis zu dreißig Minuten warten. In Richtung Villach müssen Sie auf einer Baustelle bei Teneck mit vier Kilometer Stau rechnen.
Radio Salzkammergut wünscht gute Fahrt.

Mündlicher Ausdruck

45. Szenario 1: Alltagsgespräche

Übung 5: Im Zug

Wie ist Ihr Name, bitte?
Woher kommen Sie denn?
Ist das ein Wetter heute! Wie ist denn das Wetter bei Ihnen?
Haben Sie Familie?
Was sind Sie von Beruf, wenn ich fragen darf?
Was sagen Sie denn zu der Regierung?

Übung 7: Auf der Straße

Grüß Gott!
Wie geht es Ihnen?
Ist das wieder ein Sauwetter!
Wo wohnen Sie, wenn ich fragen darf?
Haben Sie Geschwister?
Was machen Ihre Eltern?
Wohin geht's denn dieses Jahr in Urlaub?
Schauen Sie mal, das Auto da! Hier ist Zone 30 und der fährt bestimmt 70. Wie finden Sie das?
Jetzt soll doch die Benzinsteuer kräftig erhöht werden, damit neue Straßen gebaut werden können. Was halten Sie denn davon?

47.Szenario 2 – Jemanden um einen Gefallen bitten

Übung 4/5:

Situation 1: Eine neue Hose

Du, ich brauche unbedingt eine neue Hose und will morgen in die Stadt gehen. Kannst du nicht mitkommen? Du siehst bestimmt sofort, ob mir etwas steht.

Situation 2: CDs für die Party

Ach, Marianne, ich hab' eine ganz große Bitte: Am Freitag ist doch meine Party, und du hast doch so tolle CDs. Könntest du da welche mitbringen?

Situation 3: Dringende Terminarbeit

Herr Weiß, ich bin so unter Druck: Könnten Sie eventuell heute meine Post erledigen?

Situation 4: Der Briefkasten

Ich hab da noch eine Bitte, Frau Sterk: Könnten Sie vielleicht meinen Briefkasten leeren, während ich weg bin?

48. Szenario 3: Sich beschweren

Übung 4/5: Situation 1: Laute Musik

Guten Abend, hier ist Kunz. Entschuldigen Sie bitte, dass ich so spät noch anrufe, aber Ihr Radio ist so laut. Können Sie es bitte leiser stellen? Es ist gleich Mitternacht und ich kann nicht schlafen.

Situation 2: Das neue Bild

Du, Herrmann, um ehrlich zu sein: Das Bild gefällt mir überhaupt nicht. Kannst du es nicht in dein Büro hängen?

Situation 3: Ein wichtiger Test

Also, Peter, so geht das nicht. Du kannst doch nicht ins Schwimmbad gehen, wenn du so viel zu lernen hast!

Situation 4: Anruf bei der Autowerkstatt

Hier ist Krantz. Guten Tag, Herr Gabert. Sie hatten doch gestern mein Auto zur Reparatur. Jetzt sehe ich, dass es immer noch Öl verliert. Wie ist denn das möglich?

Situation 5: Ein großer Fleck

Sehen Sie mal hier, der Fleck ist aber nicht weggegangen. Können Sie da noch mal was machen?

49. Szenario 4 – Dienstleistungsgespräch

Übung 4 b:

Situation 1: Beim Bäcker

Guten Tag. Sie wünschen, bitte?

Situation 2: Im Computergeschäft

Und was für Texte wollen Sie mit dem Programm schreiben?

Situation 3: Filmauskunft

Hier Astor-Lichtspiele. Sie wünschen, bitte?

Situation 4: Im Sprachinstitut

Die Abendkurse sind leider schon alle voll. Können Sie auch zu einem anderen Termin?

Situation 5: Im Bekleidungsgeschäft

Was für eine Farbe und Größe suchen Sie denn?

Situation 6: Im Restaurant

Hier, Ihr Apfelsaft.

50. Szenario 5: Um Rat bitten, einen Rat geben

Übung 4: Situation 1: Fremdsprachenkenntnisse

Ich hab dir doch erzählt, dass ich in den Sommerferien nach Spanien fahren will. Aber ich kann ja kaum noch Spanisch. Weißt du, wo man hier gute Spanischkurse machen kann?

Situation 2: Lotto

Weißt du, wenn man Lotto spielt, kann man auf einen Schlag viel Geld gewinnen. 100.000 Mark oder so. Ist das nicht 'ne gute Idee?

Situation 3: 5000 Euro geerbt

Einerseits brauche ich dringend neue Möbel, die könnte ich mir jetzt kaufen. Aber ich will auch schon seit Jahren einmal nach Island fahren, das ist ein Traum von mir. Was würdest du denn machen?

Situation 4: Laute Hausbewohner

Die haben die Musik immer so laut gestellt, das stört mich schon. Die nehmen keine Rücksicht. Was soll ich denn da machen?

Situation 5: Streit mit dem Freund

Du, jetzt haben der Andi und ich schon eine Woche nicht mehr miteinander gesprochen. Nur wegen dieser blöden Sache. Kannst du mir nicht sagen, was ich machen soll?

51. Szenario 6: Jemanden einladen

Übung 4/5:

Situation 1: Einladung zum Kindergeburtstag

Ach, Frau Renner, äh, ich wollt Sie und Lucia zum Geburtstag von Philipp einladen. Er wird vier.

Situation 2: Einladung zur Abiturfeier

Warum ich eigentlich anrufe: Ich will mein Abitur so richtig feiern. Und da darfst du natürlich nicht fehlen. Du kommst doch, oder?

Situation 3: Einladung zum 50sten Geburtstag

Es soll etwas ganz Besonderes werden. Deshalb feiern wir in einem Hotel. Wie sieht's bei euch aus? Könnt ihr kommen?

Situation 4: Einladung zum Essen

Wir wollten Sie und Ihren Mann schon lange einmal zum Essen einladen. Wie wäre es nächsten Samstagabend? Oder haben Sie schon etwas anderes vor?

Situation 5: Einladung der Eltern

Du, Mama, jetzt, wo ich Ferien habe, müsst ihr unbedingt mal wieder für ein paar Tage kommen. Wann klappt es denn bei euch?

52. Szenario 7 – Meinungsaustausch

Übung 4:

Thema 1: Schulnoten

Sind Schulnoten Ihrer Meinung nach gerecht oder nicht?

Thema 2: Bestrafung von Kindern

Und was meinen Sie? Dürfen Eltern ihr Kind schlagen, wenn es etwas Schlechtes gemacht hat?

Thema 3: Geld und Glück

Finden Sie, dass Geld glücklich macht?

Thema 4: Grammatik

Wie wichtig ist Ihrer Meinung nach Grammatik für das Sprachenlernen?

Thema 5: Leben

Waren die Menschen früher glücklicher als heute? Was glauben Sie?

Übung 5/6:

Situation 1: Susannes Party

Auf der Party von Susanne war es ja ziemlich langweilig, findest du nicht auch?

Situation 2: Hausaufgaben

Also, ich finde es am besten, wenn Kinder direkt nach der Schule ihre Hausaufgaben machen.

Situation 3: Gibt es Ufos?

Natürlich gibt es Ufos. Schon viele Menschen haben Ufos gesehen und irgendwann werden wir mit außerirdischen Lebewesen Kontakt haben.

Situation 4: Geschwindigkeitsbegrenzung

Meiner Meinung nach sollte es auf Autobahnen keine Geschwindigkeitsbegrenzung geben.

Situation 5: Kurzes Leben

Finden Sie nicht auch, dass das Leben viel zu kurz ist?

Situation 6: Bedeutung des Fernsehens

Ich meine, dass Fernsehen für Kinder wichtig ist.

Quellen

S. 13: „Soziale Probleme machen Sorgen", Süddeutsche Zeitung, Nr. 274, 26. 11. 1999, S. V2/5

S. 70: Grafik Sa 2705, Globus Infografik, Hamburg

S. 107: „Rätselspaß", Radio Salzburg, 1999.

Mit Erfolg zum
Zertifikat Deutsch (telc Deutsch B1)

Trackliste

Track	Hörverstehen 1		Dauer
1	Teil 1		00:27
2		Stellungnahme 1	00:20
3		Stellungnahme 2	00:37
4		Stellungnahme 3	00:43
5	Teil 2		01:53
6	Teil 3	Aufgabe 10	01:04
7		Aufgabe 11	01:02
8		Aufgabe 12	00:39
Track	**Hörverstehen 2**		
9	Teil 1		00:16
10		Stellungnahme 1	00:39
11		Stellungnahme 2	00:28
12		Stellungnahme 3	00:34
13	Teil 2		02:23
14	Teil 3	Aufgabe 10	00:35
15		Aufgabe 11	00:48
16		Aufgabe 12	00:41
Track	**Hörverstehen 3**		
17	Teil 1		00:16
18		Stellungnahme 1	00:29
19		Stellungnahme 2	00:38
20		Stellungnahme 3	00:23
21	Teil 2		02:32
22	Teil 3	Aufgabe 10	01:03
23		Aufgabe 11	00:41
24		Aufgabe 12	00:48
Track	**Hörverstehen 4**		
25	Teil 1		00:14
26		Stellungnahme 1	00:34
27		Stellungnahme 2	00:32
28		Stellungnahme 3	00:34
29	Teil 2		02:11
30	Teil 3	Aufgabe 10	00:32
31		Aufgabe 11	00:57
32		Aufgabe 12	00:40
Track	**Hörverstehen 5**		
33	Teil 1		00:18
34		Stellungnahme 1	00:33
35		Stellungnahme 2	00:34
36		Stellungnahme 3	00:45
37		Stellungnahme 4	00:35
38		Stellungnahme 5	00:30
39	Teil 2		03:22
40	Teil 3	Aufgabe 16	00:40
41		Aufgabe 17	00:49
42		Aufgabe 18	00:53
43		Aufgabe 19	01:00
44		Aufgabe 20	00:35
Track	**Hörverstehen 6**		
45	Teil 1		00:15
46		Stellungnahme 1	00:32
47		Stellungnahme 2	00:41
48		Stellungnahme 3	00:38
49		Stellungnahme 4	00:32
50		Stellungnahme 5	00:26
51	Teil 2		02:54
52	Teil 3	Aufgabe 16	00:54
53		Aufgabe 17	00:46
54		Aufgabe 18	00:27
55	Hören – Teil 1	Aufgabe 19	00:47
56		Aufgabe 20	01:05
Track	**Mündlicher Ausdruck 5**		
57		Ein Prüfungsbeispiel	12:40

Produktion: Ernst Klett Sprachen GmbH, Stuttgart
Sprecherinnen und Sprecher: Daniela Blech, Mandy Buder, Hubert Eichheim, Franziska Eicken, Stefan Feddersen-Clausen, Herbert Federsel, Ágnes Gajdos, Hans-Jürgen Hantschel, Andreas Herrmann, Norbert Holoubeck, Henry Kennecke, Paul Krieger, Jochen Lohmeyer, Tamara Mertens, Maria M. Nohe, Jost Nyffeler, Daniela Rössel, Hilda Samuelsson, Susanne Schauf, Iris Seiler, Yvonne Stoller, Volker Wendland, Luise Wunderlich
Presswerk: optimal media GmbH, Röbel / Müritz
Laufzeit: ca. 63 Min